印尼華文
教育與教學

目　次

論　文

印尼華文教育的省思

董鵬程秘書長
世界華語文教育學會

一、前言

印尼的輪廓

　　印尼係印度尼西亞簡稱（INDONESIA），過去曾受荷蘭殖民統治三百四十年之久，當時稱為荷屬－東印度（East Indias）（以下簡稱荷印政府）。第二次大戰後印尼於 1945 年 8 月 17 日宣布獨立，但到 1949 年 12 月 27 日荷蘭才將政權移交印尼政府，印尼共和國正式成立（以下簡稱印尼）[1]。

　　印尼是世界最大的群島國家，由五大島（爪哇、蘇門答臘、加里曼丹、蘇拉維西及伊里安佳亞）及三十個島群組成，全國共有 17,508 個大小島嶼，有「千島國」之稱，全國總面積達 1,919,443 平方公里。印尼島群分布於北緯 6 度、南緯 11 度，東經 95 度至 141 度之間，赤道貫穿全境，東西達 5,150 公里，南北約 1930 公里，位居亞洲大陸及大洋洲間之橋樑，太平洋及印度洋之要衝。境內天然資源有石油、天然氣、木材、橡膠、棕櫚油、黃銅與錫等。

　　印尼全國人口約 234.9 百萬人（2005），為世界人口第四大國，印尼種族至為複雜，據 Hildred Geertz 估計約達三百餘種之多，大

---

[1] 世界各國簡介外交部領事務局網站（2006）

致分為馬來族與巴布安（伊里安）族兩大類，住在印尼群島西部地區者如蘇門答臘、爪哇、蘇拉維西、東南列島等地，大部份屬於馬來族，其分支為爪哇人（Jawa）、巽達人（Sunda）、馬都拉人（Madura）、明南加保人（Minangkabau）、武吉人（Bugis）、巴達人（Batak）、峇厘人（Bali）及大雅族（Dayak），至於住在群島東部地區者，大部份為如伊里安族（Irianese）[2]。

　　印尼各地方方言約達二百五十餘種之多，惟印尼自從獨立以來，印尼政府規定以原在廖島流行之巫來由語為官方語言（Bahasa Indonesia），乃成為印尼各種族之間通用語言，也是印尼社會各界及政府所屬機構所使用的語言。隨著時代的變遷，印尼語亦不免混雜有印尼各地方語言及外來語的成份。另印尼政府鑒於印尼語人口的識字率不高，憲法規定並不禁止各種族使用其方言。但卻因政治問題禁止華族使用華語文達三十二年之久[3]。

二、華人社會的形成[4]

　　「有海水的地方就有中國人」，而在印度尼西亞總面積約一百九十二萬平方公里，共有一萬七千多個島嶼的土地上，凡是有人煙的地方就有華人居住。

　　由歷年來在印尼各地如爪哇、蘇門答臘及加里曼丹（舊稱婆羅州）發現的古物顯示，在我國西漢時，中國人的足跡便已到這個南邦。中印兩國使節很早便有交往，漢書第二十八卷有關於黃支國的

---

[2]　江宗仁，印尼華人經濟現況與展望（民81）
[3]　董鵬程，東南亞華語文教育研究（2000）
[4]　余歌滄，印尼華文教育，華文世界72期（民83）

記載：「……王莽輔政，欲耀威德，厚遺黃支王，令遣使獻犀牛……」，這時大約是公元前五年，所謂黃支國便是目前蘇門答臘北部的亞齊（Aceh）特別區。「後漢書」中有記載，漢順帝時（大約公元 130 年）「日南徼外葉調王便遣使貢獻」，葉調是指爪哇。晉朝高僧法顯在其所撰「佛國記」中說，在公元 414 年，從錫蘭返國時，被風浪所阻，曾在耶婆提逗留五個月。在此所稱耶婆提，以及宋史中所指闍婆，都是指現在的爪哇（Jawa）。

公元七世紀初葉開始，史上稱為三佛齊或室利佛逝(Sriwidjaja)的佛教王朝在印尼建立。當時正是唐朝時代，兩國交往日密。唐末黃巢之亂，使閩粵沿海居民大量外流。其中有的到印尼謀生，人數有多少，未有可靠的記載。

「宋史」記載，當時有佛教僧侶或商賈來往爪哇等地。有位名叫阿卜都耳‧哈善‧阿里‧艾里‧馬蘇地（Abdul Hasan Ali El Masudi）的阿拉伯人，曾於其著作中提及：公元十世紀左右經過蘇門答臘島時，曾看見中國人在那兒耕種。

十五世紀初，隨同鄭和下西洋的馬歡在其所著「瀛涯勝覽」中說，在現稱東爪哇廚閩（Tuban）錦石（Gresik）的地區，有千戶以上的閩粵人士在該處定居。三寶太監七下西洋，帶動大批移民前來印尼的爪哇、蘇門答臘及婆羅州各地。在印尼幾個地方都有三寶大人的遺跡，其中最著名的是在中爪哇省的壟川，該市也稱三寶壟，市內的三寶公廟是紀念鄭和的全球最大的廟宇。

十七世紀初，荷蘭東印度公司攻佔巴達維亞一吧城（雅加達之舊稱）以後，羅致數以千計的華人經營各種行業。明朝滅亡後，不滿清廷統治的人士源源湧至。到了十八世紀初期，僅在吧城一地達十萬以上。1780 年，來自廣東梅縣的客家人羅芳伯在西婆羅州（現

稱西加里曼丹），建立蘭芳大統制共和國之後，華人移來坤甸等地更是絡繹不絕。據估計，至十九世紀末，在荷印地區的中國人不下五十萬人。

步入二十世紀以來，印尼華人人數增長統計大概如下：1905年約六十萬人，1920年九十萬人，1930年增至一百二十五萬人，1953年約二百四十萬人，1960年為三百五十萬人，1974年印尼華人約五百萬人[5]。根據僑務委員會2004年統計資料，印尼華人人口約七百二十萬人[6]。

華人在印尼是少數民族，在當地以經商為主，很少介入政治活動，從荷印時代迄今，也一直沒有政治地位。因此不容易利用當地政治體系爭取本身權益，維護其具有華人文化色彩之社會。致印尼華文學校問題，並非單純教育本身問題，而係受當地政治、經濟、社會環境之影響，隨當地政府對華人政策寬嚴程度而有所變化。本文旨在探討印尼華人（僑）學校的過去、現況及未來可能的發展，加以分析。

三、印尼華人（僑）學校的過去

私塾式華文教學

華僑在1690年已設有義學，教育子弟識字，但並非正式獨立學校。一般學者都以1729年巴城（今雅加達）養濟院的明城書院為最早的華僑舊式學校，其教育方式以習字、珠算、背誦四書、五

---

[5] 陳以令，印尼華僑現況（民78）

[6] 僑務委員會網站（2006）

經為主，這種私塾式教育直至 1890 年為止並沒有什麼不同，另在爪哇以外印尼外島地區，華僑教育則更為落後。當時荷印公立荷文小學，僅收荷蘭及其他歐洲人學童，迄至十九世紀末，始准許在上述學校有空缺時，招收華人官員及富商之子弟入學[7]。

1895 年中日戰爭後，清政府漸知要使國家現代化及富國強兵，非由教育改革著手不可。1898 年清光緒帝在康有為等極力推動下進行變法維新，改書院為學堂，海外僑社亦受影響。自 1901 年在印尼巴城中華學堂成立，迄至印尼獨立後蘇卡諾執政時為止，印尼華人（僑）學校發展過程，大致可分為下列幾個階段，茲分述如下：

（一）1901 年至 1927 年

1.第一所正規華僑學校

1901 年巴城中華會館成立，在該會董事及僑界熱心人士支持之下，於次年創辦荷屬東印度第一所正規華僑學校—巴城中華會館學校，簡稱八華。學校使用中文，以華語教學，並有算術、地理、體育等現代化課程。1908 年康有為在維新失敗後，逃亡至爪哇，並赴印尼各埠，勸導華僑創辦學校，同時革命黨人張維等多人亦先後赴印尼鼓吹革命，創辦書社。於是萬隆、井里汶、北加浪岸、直葛、展玉、日里等地華僑學校相繼成立，至 1908 年僑校已增至四十四所[8]。

---

[7] 巴素著，郭湘章譯東南亞之華僑（下）正中書局（民 57）
[8] 溫廣益等，印度尼西亞華僑史海洋出版社（1985）

2. 滿清政府關懷華僑教育

這個時期，滿清政府為籠絡華人，藉以緩和華僑社會對保皇勢力之同情與對革命黨之支持，並進一步爭取華僑返國投資，開始注意華僑教育。1905 年兩廣總督岑春萱派劉士驥至印尼勸學，劉氏於同年五月在萬隆召開全爪哇中華會館代表大會，策劃發展華僑教育，成立荷印學務總會，為印尼華僑教育行政之樞紐。1906 年廣東學務處亦派汪鳳翔任荷印勸學總董兼視學員，汪氏除控制上述學務總會外，曾訂定華僑學校章程，為各學堂設施之標準，對華僑教育之推廣頗有助益。同年中國駐荷蘭公使館參贊錢洵偕名教員董鴻禕等，至爪哇調查僑校，到處勸人辦學。1907 年兩江總督端芳奏請在南京設立暨南學堂，招收南洋華人子弟返國就學，並免收一切膳宿及雜費。印尼華僑子弟前後共有七十七名分三期前往就讀[9]。惟辛亥革命後，學堂停辦，學生流散，荷印校務總會乃設法籌足旅費，供學生返回印尼。

3. 國民政府成立設置僑務委員會[10]

1912 年民國成立，國家有富強之氣象，荷印政府亦改善對華僑入境待遇，同時我國政府也注意華僑教育，並予以指導、監督與獎勵，如同年福建省府派鄭貞文、陳鴻祺到印尼調查學務。1913年北京政府教育部與外交部協調委託我國駐外使領館兼管教育事務。1914 年教育部令印尼各埠領事調查各地僑校狀況，並頒佈「華僑子弟回國就學規程」，以獎勵僑生返國升學。1927 年在大學院（教

---

[9] 周勝皋海外華文學校教育僑務委員會（民 58）

[10] 丘守愚，二十世紀之南洋，商務印書館（1934）；印度尼西亞華僑教育史，南洋學報（1959）

育部）下設置華僑教育委員會，負責倡導海外華僑教育，鼓勵設置海外華僑補習教育及職業教育。1935 年國民政府成立後，決定設置僑務委員會監督並指導海外教育團體，因此華僑教育持續發展。

1911 年僑校估計約達一百三十餘所，1919 年達二百五十所，教員六百人，學生一萬五千九百四十八人。1926 年僑校已增至五百零七所，教員一千零九十二人，學生三萬二千六百六十八人。1930 年受華僑教育學生有三萬八千二百七十四人。上述僑校完全由熱心教育人士自籌資金建立，其經費來源除學費外，以募捐為主，分為月捐、半年捐、全年捐不等。如經費尚不足，就與慈善單位或醫院合辦晚會等遊藝活動來籌款。

4. 分化華僑社會成立荷華學校[11]

荷印政府在此以前對華僑教育並無任何限制。由於華僑勢力逐漸擴張，僑校迅速發展，遂採取拉攏華僑、分化華僑社會及僑校，以爭奪華僑教育的領導權，使華僑子女與自己祖國疏遠而能效忠荷印政府。如 1908 年在巴城創立第一所完全為華僑子弟而設立之荷華學校（Dutch Chinese School），另在其他地區及大都市亦陸續興辦。1914 年已有二十七所，1928 年發展至一百零四所。此類學校使用荷語教學，課程與歐洲初級學校相同，但不教授中文及中華文化有關課程。同年又允許華僑設立私立荷華學校，並資助其經費，接著又開放歐洲人就讀之荷文學校給華人子女就讀，另華僑子女亦可入公立荷印職業學校、師範學校和大學。此項措施促使不少華僑領袖將其子女送入荷人學校就讀，並間接使巴城中華會館於 1911 年退出爪哇學務總會，而華僑社會對華僑教育問題也意見分歧，其

---

[11] 同 10

中多數派成員係以來自中國的「新客」僑領為主，對祖國觀念甚強，主張華僑教育仍應重視中華文化傳統，並為適應當地社會需要，其課程可酌予改進；少數派大部分為在印尼出生的「土生華人」僑領及富商，支持中華會館將中華學校改為荷華學校。上述兩派不同意見，頗影響華僑學校的發展。

（二）1928 年至 1945 年

1. 設立暨南學堂招收華僑師生

1928 年國民革命軍北伐成功，全國統一，國際地位提高，印尼華僑對祖國之向心力增強。1927 年暨南學校改組為暨南大學，並附設小學及高中師範科，招收華僑子弟回國就讀，免費予以師資訓練，另 1934 年教育部及僑委會聯合舉辦僑民教育師資訓練班，招收現任海外當地僑校教師返國進修，同時國內外各大中學校，對僑生返國升學均給予特別優待[12]。

政府上述鼓勵華僑教育措施，促使華僑在印尼各地創辦華僑中、小學。據吧城新報 1935 年調查統計，由「新客華人」領袖所辦的僑校共有二百五十九所，其中有廿一所中學，學生總人數達三萬零四百三十八名[13]。惟土生華人領袖亦於 1927 年在三寶壟集會，呼籲荷印政府開辦更多荷華學校。1934 年荷華學校已增至一百一十七所，學生達二萬三千三百五十三人，其中中學生一千六百五十人[14]，華僑教育已因僑社領導人理念不同，而分道揚鑣。[15]

---

[12] 李全壽，二十世紀之南洋，商務印書館（1934）

[13] 同 12

[14] 黃昆章等，印尼華僑史，廣東高等教育出版社（1987）

2.荷印政府嚴厲監控華文教育

荷印政府在此一階段已開始嚴厲監視華僑教育，採取締教材、驅逐教師、限制知識分子入境等方式，破壞華僑教育之發展。1932年荷印政府規定開辦私立學校須事先向當地行政長官申請，任用私立學校教員者應事先呈報，並俟地方長官調查核可後始能應聘，另政府視學員可以學校設備不安全及不合衛生等理由關閉學校。據統計自 1929 年 9 月至 1930 年 10 月，被荷印政府無理由藉口遞解出境之僑校教員達三十三名[16]。1935 年 5 月間被禁止入境之中文書籍約十二類，達六百餘種，其中絕大多數並無政治性。

3.日本佔領印尼、實施恐怖統治

荷印統治時期華僑教育雖面臨不少困難和挫折，但由於華僑各界全力支持，因此仍能克服無數困難，建立僑校弘揚中華文化。1942年日本大舉南侵，佔領印尼，實施恐怖統治，所有華僑社團及學校均被停止活動或解散，同年 8 月 1 日雖批准各地華僑小學開課，惟課本均須重新審定，且日語列為必修科，並要求校董、教員均應簽

---

[15] 「土生華人」是 Peranakan 一詞的中文翻譯。早年華人移民多為單身男性，並未攜眷同來，他們與當地土著女子通婚，於是土生華人注入母系土著血液，一般土生華人不會說中國話，只能以印尼語互通思想感情。在爪哇北岸多數華人集中的區域，通行一種由閩南語與通俗馬來語聯合構成的混合語。這種混合語後來又因吸取了荷語及其他西方語而顯得更豐碩。到了十九世紀末，這種混合語已發展成「華人印尼語」。以迄本世紀，它已成為整個土生華人的共同語言。另一類的印尼華人則是「新客華人」，是印尼語 totok 或 singkeh 的翻譯。這是指移民自中國的華人，日常用語仍以華語或中國方言為主。在當地出生的移民華人後裔，如果仍舊以華語或方言作為日常用語，那麼他們還是被稱為「新客華人」。

[16] 同 14

署效忠日本。致有許多教員改行離職，師資缺乏，復校的僑校不多，華僑子弟普遍失學。此時期為印尼華文教育之黑暗期[17]。

（三）1946 年至 1965 年

1. 華僑學校學生人數大幅增加為最興盛時期

　　1945 年日本投降後，印尼忙於對抗荷蘭，及從事國家經濟建設，極需華僑支持，對僑校並未限制；而僑校在老一輩教育家和工商業界人士全力支持下，迅速恢復，學生人數亦大幅度增加。此乃因在日本佔領時期失學者甚多，而於此時爭相復學，另原受荷文教育者，因嚮往祖國文化，也將其子女轉入華校就讀，依據印尼教育部 1950 年統計，1949 年初全印尼華僑學校共八百一十六所，比戰前增加三百六十六所，學生人數高達二十二萬七千六百零八人[18]。

2. 印尼共和國成立限制僑校發展進行同化政策

　　印尼共和國成立後，政府實施國民教育政策，開始限制僑校。1952 年政府頒布「外僑學校監督條例」，規定僑校必須向政府登記，惟此一規定旋於 1955 年廢止。1957 年又規定僑校需重新申請許可，及不准從事政治活動。在此一階段，華僑社會受印尼和中共建交的影響，形成親共與反共兩派對立。雙方均努力教育文化及社團活動，因而使僑校亦增加許多。同一地方同性質僑校反共、親共都有，如萬隆有新舊中華學校，新者為原中華學校親共二十四位教員

---

[17] 同 12
[18] 同 12

發起成立，與舊校對立[19]，迄至 1957 年為止，估計僑校有二千多所，學生總數共四十二萬餘人[20]，為僑校發展最興盛時期。惟好景不常，嗣後印尼政府逐漸進行同化政策[21]，迫使華僑向當地文化認同，並以統一語文做起，僑校因此被打擊而沒落。

3. 關閉華僑學校華教日趨式微

1958 年印尼發生內戰，印尼政府以反共華僑有接濟反政府叛軍行為為由，而關閉反共僑團八百八十二個、僑校三百四十所，至1958 年 7 月僑校已減至八百五十所，學生僅十五萬人[22]。同年印尼政府又限制華僑辦學規模，並限制僅在州縣政府所在地開辦。1959年至 1960 年間印尼各地掀起排華風潮，百分之七十僑校被迫停辦。1961 年後雖有部份學校陸續復辦，惟 1965 年九州政變後簡稱（九三〇）事件，印尼新秩序政府，以中共捲入印共政變，而宣布與中共終止外交關係，並於 1966 年將親共僑校六百二十九所關閉，華文教育日趨式微。

---

[19] 同 12

[20] 廖建裕著，崔貴強譯，《爪哇土生華人的政治活動》，正中書局（民 74）

[21] 印尼新政府不准以種族為基礎的政黨或社團存在，為了治理華人，印尼政府有意將華人同化成為印尼土著。他們認為華人是一個整體，根本沒有什麼「土生」和「新客」的分別。在印尼政府的觀念裡，華人是外人，不願與印尼土著同化。華人控制印尼經濟，排擠印尼土著，不奉公守法。在印尼土著的感覺裡，華人不熱愛印尼，效忠於外國，特別是中國。因此華人被認為對印尼的國家安全與經濟繁榮有危害。要消除這種危害，印尼當政者認為只有將印尼華人全盤同化才能解決這個問題。於是，印尼政府頒佈了一系列的法令與條例，旨在逐漸同化印尼華人，也同時削弱印尼華人的經濟力量，以其將中小型工商業從華人手中奪取回來。

[22] 同 19

1965 年蘇哈托總統上台，印尼政府除封閉所有親共的僑校外，並於 1967 年 6 月 7 日頒布第 37 號法令，規定「除外國使節為其家庭成員所辦的學校外，一概不得有外國學校」。

（四）1966 年至 1980 年

1. 印尼政府成立特種民族學校限制華文教育發展

僑校被印尼政府接管封閉後，由於印尼學校名額有限，且不收華僑子女，致約有三十萬華僑子弟喪失求學機會，其中有不少因失學過久，到處遊蕩而成為「問題學生」，間接造成社會問題[23]，另有一部分學生聘請原在僑校老師補習，而這一部分老師又有對學生灌輸不良思想意識之嫌，因此不少熱心教育的僑領，紛紛要求印尼政府同意開辦特種民族學校[24]。印尼政府為直接控制華人子女教育，並爭取華人社會對其財經政策支持，以穩定政局，乃於 1967 年 6 月 7 日頒佈第 37 號總統令，並由印尼文教部於 1968 年 2 月 21 日公布第 15 號決定書，允許私人團體在華人社會資金資助下，組織特種教育基金會（YAYASAN），建立特種民族學校，招收華僑或印尼公民子女入學。但學校由印尼政府直接管轄，老師必須印尼籍，學生中印尼籍者須佔百分之六十。學校課程應與印尼政府公立學校相同，惟課後可教授兩節華文，每節 35 分鐘，其華文成績並不影響學生升留級。

---

[23] 劉孝民，《印尼華人社會的經濟之研究》，中國文化大學民族與華僑研究所（民 68）

[24] 星洲日報，1989.12.16

特種民族學校在當時係華人唯一可就讀學校，且又有華文課程，因此大受華人歡迎。1971 年初全印尼僅有八所，其中五所在雅加達，二所在巨港，一所在萬隆。惟數年之間，新學校越設越多，學生人數迅速增加。迄至 1974 年除雅加達原有五所外，蘇島一地就有三十五所，學生超過五萬人，其中以雅加達崇德中小學、大同中小學、棉蘭、蘇東、三山、南安、忠誠、涵江、志堅、蘇南（巨港）成功學校及其七所分校最著名，學生少者四五百人，多者達三千餘人[25]。

上述特種學校大量增加，又引起印尼官方疑慮，認為將不利於印尼同化政策，印尼蘇島恢復治安與秩序行動司令部乃在 1973 年底，以特種學校使用華語，違反印尼政府規定為由，宣布自 1974 年元月一日起將蘇島地區特種學校全部改為印尼私立國民學校，同年印尼文教部亦決定停止開辦印尼其他地區特種學校。華人子女要學華文惟有聘請家教私下自行補習，或赴國外就讀。

2. 印尼政府要求華僑入印尼籍

在此一時期，印尼政府開始鼓勵華僑入印尼籍，並於 1980 年2 月大幅度放寬華僑申請入籍手續，迄至目前為止，在約有七百餘萬印尼華僑中，已有百分之九十五華人取得印尼籍。由於華人一向重視子女教育，並為適應當地環境需要，在華文教育被取消以後，大部分華人都將其子女送到印尼公私立中、小學，職業學校或大專院校就讀（上述私立學校，有不少係由華人出資成立基金會與印尼人合辦）。據調查除少數偏僻農村地區以外，華人子弟在印尼中小學就學率在百分之九十五以上，而就讀印尼大專院校者約在百分之

---

[25] 朱敬先，華僑教育，近代中國教育史叢刊（民 61）

五十以上[26]。華人子弟雖被迫接受同化就讀印尼學校，惟由於華人家庭環境，宗教信仰，以及華人在印尼社會所能被接受程度等因素，均影響上述印尼同化教育成果。華人融入印尼社會將是一段長期而緩慢過程。

（五）1986 年至 1998 年

1. 同意台商設「台北學校」華文教育有鬆綁現象

1986 年以後，我國廠商受政府鼓勵對外投資政策之影響，赴印尼投資者日益增多。渠等在印尼投資設廠後，由於當地無中文學校，而將子女送至當地美國國際學校或新加坡就讀，此舉不僅學費高昂，且在學制方面，難於與我國內銜接。惟若將子女留在國內，則一家分住兩地，難於團聚。為解決台商子女教育問題，我駐外單位、投資廠商及印尼友我人士均透過有關管道，向印尼政府反應，促請印方放寬我廠商在印尼設置中文學校之限制。1990 年 5 月印尼工商部長阿里維博沃（Ali Wibowo）向記者表示為吸引更多台灣投資，印尼政府同意台商在印尼為其子女設立中文學校，並引進中文教科書，印尼文教部旋於 1991 年 5 月 23 日以編號第 343/C7/C/ 核准函，同意我設立「台北學校」，並放寬教學及學術用中文書之進口。我旅居印尼各界人士旋即組成台北學校基金會，並籌足建校經費，於同年 9 月正式招生，初期學生僅有六十五名。1992 年 8 月底該校校舍竣工啟用，1993 年 9 月擴辦初中部，1994 年度學生

---

[26] 蔡仁龍，印尼華僑華人認同的轉向，華人月刊（1993）

已有一百八十三人，迄至 2005 年已有在學生國小生 142 名、國中生 55 名及高中生 30 名[27]。

上述台北學校以中文授課，其基本課程完全依照國內教育部頒定之國民小學教育課程標準實施，所有課本與教材均由國內供應，或向國內採購。並依實際需要排有英文課程，另四年級以上則有印尼文課程，此乃 1966 年印尼全面關閉僑校之後，第一所被核准成立之中文學校[28]。

台北學校設立後頗引起國際一般輿論重視，認為是印尼華文教育可能復甦的象徵。惟印尼文教部長哈山（Hasan）於 1990 年 7 月間向記者表示，印尼不允許華裔公民設立華文學校，最近在雅加達開辦的台北學校，僅供台灣人士的子女就讀，並非供華裔（印尼籍）公民子女上學的學校。此類學校與荷蘭或蘇聯開辦的外交代表機構（大使館）學校一樣[29]。此表明印尼政府迄今無改變其禁止華文教育，以全面同化華人的政策。

2. 華文教育轉向的起點

惟近年來隨著印尼經濟發展，及印尼國內外環境之變化影響，印尼政府似已有放寬上述禁令之趨勢。茲就上述各因素，探討未來華人學校發展之可能性。

1994 年印尼教育部高等教育司頒布了第 142/d/t1994 號條例，批准印尼大學及達爾瑪勃沙大學代辦華文補習教育，但規定此課程限制對成年人開放，並放寬對旅遊業華文教學的禁令，旅行社，旅

---

[27] 教育部，僑民教育委員會（2006）
[28] 董鵬程，東南亞華文教育第二波，第三屆東南亞華文教育研討會（1999）
[29] 聯合報（民 83.2.28）

館等可以印行華文導遊手冊，辦理華文補習班培訓導遊人員，這標示看華文教學轉向的起點，被認為是華文教育政策放寬的開始[30]。

印尼華文教育再呈新貌，主要是基於兩岸經貿的發展及台商在印尼地區的投資，以及亞洲四小龍經濟奇蹟等等，由於華人的強大經濟實力，華語文已成為強勢的商業用語。使得印尼政府不再視華語文教育為一種威脅或建國的阻力，反而視為一種資源及助力，有利於印尼的經貿發展。

（六）1999 年後的華文教育

1. 嚴禁長達長達三十二年之久的華文得以開放

1999 年印尼民選西瓦德政府執政，對華人政策大幅度調整，並訓令文教部長尤沃諾·蘇達梭諾頒佈第 269 號決定書，允許民間文教單位或私人無須再與印尼大學或達爾瑪勃沙塔大學掛鉤合作，可自行開辦華文補習班，以因應各個領域對華語文人才的迫切需要，於是各種不同性質的教學社團，如：華人社團、宗教團體、私人企業及各級學校等辦的不同層次華語文補習教育，華文教育以燎原之勢蓬勃發展[31]。

2. 華文教育復甦

據印尼雅加達華文教育協調機構輔導委員會副主席徐敬能先生於 2005 年 11 月參加在汶萊舉辦的第六屆東南亞華文教學研討會發表論文報告中指出，目前印尼全國各地華文補習中心，估計約有

---

[30] 徐敬能，印尼華文教育，第六屆東南亞華文教學研討會(2006)

[31] 同 28

一千多間，學員二十多萬人，其中有不少是主流社會大學生、職業青年和白領階級。他們學習華文主要目的是近年來華文的實用價值不斷提升，學好華文能提高就業和晉升機會，華文教育已成為這一時期印尼的主流教育。

(1) 印尼華文教育的現況[32]

辦學形式有下列四種：

A. 家教式的補習：

據雅加達華文協調機構估計；全印尼祗少有 3000 名華文教師從事華語文家教，多為老華校的學生。這些年過半百的華文老師，絕大多數沒有大專或師範學歷，很多甚至初中都未畢業，沒有學過拼音符號及語音，更沒學過教學理論及教學法，印尼政府禁止使用華語 32 年之久，對華語文生疏是難免的。但是他們對華語文教學的貢獻是值得肯定的。

B. 補習班或補習學校：

印尼目前有正規補習班及補習學校 150 間，是最具影響力的。因為他們多由華人社團或宗教團體支持，財力，人力比較充裕，其次是辦學形式，教學計劃都較有系統，其三是有較強的師資，至少其中有一二名具本科學士或是學經豐富的華語教師。這類補習班，向政府備案，有的以三語學校（印尼語、英語、華語）方式存在。

這類補習班，以雅加達東方語言文化中心、中國語言教育中心、萬隆融華俱樂部補習班、漢語輔導中心、泗水特中 SHHS 華語

---

[32] 宗世海、李靜，印尼華文教育的現況與對策（2004，暨南大學學報）

補習班、僑眾基金會補習班、中中校友會補習班、瑪琅友誼華語補習班，并里汶華文學習中心等比較突出。

C. 正規中小學及幼稚園

印尼從事華語教學的正規中、小學，幼稚園大致可分四類：

a 是教會辦的：如印尼基督教聖道教育基金會，在全印尼 15 個省 22 個市有分校，有中小學也有幼稚園，總學生 15000 名，教職員總數 2000 人。又如棉蘭衛里三中也是基督教會所辦，從幼稚園到初中各 20 多班（每班 40 人）全都教華文。

b 是華人辦的學校：如雅加達，鄭玉蘭女士辦的純潔學校，從幼稚園到高中。泗水施寶瑄女士辦的 MANDALA 學校都卓有成就。

c 是國際學校：雅加達就有五間（甘地學校等）

d 是台灣學校：雅加達與泗水各有一間台灣學校。

華文教育在這些學校的地位並不相同，有的認真教學，有的僅僅是防止學生流失，順應市場變化而做的權宜之計。

這類學校估計有 56 間，計雅加達 22 間，丹格朗 1 間、萬隆 3 間、泗水 1 間、展玉 1 間、雅律 1 間、三寶壟 10 間、日惹 11 間、峇原 1 間、棉蘭 4 間，實際估計不止此數。

並不是所有華人子弟學校都辦華文課，比如華人子弟佔 98% 的蘇北蘇東坡中學，有學生 15,000 多人，其中有高中生四五千人，迄今為止，該校沒有開設任何華文課。

D. 高等院校的華文教育[33]

高等院校除老字號的印尼大學中文系（1952 年開辦）和達爾瑪勃沙塔大學中文系（1986 年建系）師資多是該校畢業生，除漢語綜合課外，其他科目都用印尼文或英文教材，印尼語為教學媒介語。允許用印尼文寫畢業論文。雖然印尼大學與北京大學，達爾瑪勃沙塔大學與暨南大學好多年以前簽訂合作協議，但由於種種原因沒有很好的落實。

1999 年以來新開設中文系或華文課程的印尼重點高校：有雅加達的建國大學（BinaNusantara University）、印尼基督教大學（Indonesia Christian University）、阿爾·哈沙爾回教大學（Al Azhar University）、聖母大學（Bunda Mulia University）和 2005 年巴中、新華、新文校友會聯合興辦的新雅學院（Xin Ya College）。萬隆的馬拉納達大學（University of Maranatha）、日惹卡查馬達大學（University of Gajahmada）、穆哈末蒂亞回教大學（Muhammadiyah University）、泗水的北德拉大學（Petra University）和智星大學、棉蘭的蘇北大學（University of Sumatra Utara）和坤甸的維迪亞·達爾馬大學（University of Widya Dharma）等。

上述大學一般以中國高等院校現行的漢語專業主要課程為基礎，加上印尼高教司規定的公共基礎課。實施學分制，學習年限專科 3 年，本科 4 年。目前，畢業論文還允許用印尼文或中文寫，但鼓勵準畢業生用中文寫畢業論文。一般上述院校與中國高校合作，實施 2+2 或 3+1 雙聯課程。例如：雅加達印尼基督教大學師範學院與福建師範大學華文學院、建國大學與華僑大學華文學院、聖母大

---

[33] 同 28

學與北京語言大學、新雅學院與馬來西亞南方學院和華僑大學以及福建師範大學，萬隆馬拉納達大學與安徽師範大學，泗水北德拉大學與北京大學，蘇北大學與暨南大學等。一般合作院校外派任期兩年的資深講師來印尼協助中文系行政或教學任務，學生在本校學習兩年以後，可插班到合作院校的三年級，本科畢業可同時獲取中國合作院校和本校的畢業文憑。估計通過這個途徑，每一間大學中文系可以在 4 年內，培育幾十名高素質的華語師資和其他領域的實用人才，並有效地提高學校學生的漢語水平。這是印尼高等院校華文教育改革的新突破。

據印尼高教司某高級官員稱，這兩年各地申辦開設中文系的高等院校有 50 多間。由於近年來印尼 2600 多間高等院校學生人數驟減，有的院校甚至招不到新生。因此兩年內不再發出新的開設中文系本科或專科批准證。要想開辦中文系只有收買瀕臨倒閉的院校。目前有一個可行的辦法是：根據地方自治條例，在各省市地區成立外語學院，開設應用專業和中文專業，並與中國及東南亞高等院校簽訂協議，通過開設雙聯課程。例如雅加達新雅學院和馬來西亞南方學院以及中國華僑大學、福建師大的合作辦學是典型的例子。

3. 印尼目前使用的華語文教材

台灣出版的：「印尼版新編華語課本」1-12 冊，「國語課本」1-12 冊，「菲律賓版新編華語課本」1-6 冊，「五百字說華語」中、印文版，以上都是用正體字，注音符號，中華民國僑務委員會印行[34]。

大陸出版的：教材方面有「中文」A、B 版，練習冊、教師手冊各 12 冊、「漢語」1-3 冊、「學華語」1-6 冊兒童用、「當代華文

---

[34] 僑務委員會網站（2006）

教程」1-4 冊中學用以及「漢語會話 301」、「漢語初步教程」、「標
準中文」、「說話課」、「問與答」等。師資培訓教材方面有「華語文
教學法」、「漢語語音」、「漢語語法」、「中國文化」等。工具書方面
有:「突破漢字難關」、「漢語-印尼語 HSK 學習者辭典」、「漢文文
法及練習」。以上都是用簡化字、漢語拼音。[35]

新加坡出版的:「好兒童華文」1-6 冊,另配一套「閱讀」1-6 冊。

印尼自己編寫或改編的:萬隆博朗安大學改自北京大學的「漢
語教科書」。雅加達的達爾瑪、貝薩大學編的「實用漢語課本」。雅
加達的黃秉杰老師根據「漢語會話301」改編印尼文對照的課本。
印尼東方語言文化中心出版的「好學生」。

4. 印尼華文教師的構成及規模[36]

調查估計,印尼目前約有 4000 人在從事各種華文教育,其中
絕大多數是家庭教師,其次約有 20%-30%。是補習班或正規的幼
稚園、小、中、大學教師,正規學校的教師多以兼職為主。

印尼從事華文教育的大多是 1966 年,華校關閉前畢業或肄業
華校生,年齡都在 50 歲以上,其中又以女性為多。也有極少數受
過印尼教育或台灣大學教育的華人,他們比較年輕,甚至有學碩士
文憑。此外,大陸派來的華語文教師也有百人以上。很多華文教師
是利用,業餘時間任教,也有很多同時身兼數所學校或補習班的工
作,著名的印度尼西大學也是如此,華語文教師人才缺少可見。

---

[35] 海外華文教育動態,廈門大學(2004)

[36] 同30

5. 印尼華語文教師的工作地位和報酬[37]

據有限調查,目前印尼族教師上課,鐘點費每節約印尼幣 3000 盾。華文教師最低的也是 3000 盾,也有高薪聘請華文教師的,如丹格朗市華文教師每節鐘點 8000 盾,雅加達聖道基督教會華文教師每節 20,000 盾,私立達爾瑪,貝薩塔大學華文教師每節鐘點費 12,500 盾。華文教師鐘點費差距如此大,究竟為何,卻缺少深入瞭解。

6. 已經做過的華語文教師培訓[38]

2001 年 4-6 月,大陸廣東省海外交流協會與印尼教育部合辦,由廣東漢語專家團一到 8 人赴印尼雅加達、棉蘭、泗水、萬隆四座城市,進行了五場「華文師資培訓」。從事培訓是廣州暨南大學、華南師大、廣州外語大學的副教授、講師。接受培訓的是這四座城市的華文教師及少數其他科教師,報名時有 2000 人,實際參加培訓的有 1000 多人,其中 800 多人,獲得廣東省海外交流協會和印尼政府認可的結業證書。培訓內容包括:「漢語語音」、「漢語語法」、「教學法」及「中文電腦」等課程。

2002 年 1 月 18 日-3 月 9 日,廣東漢語專家團一行 5 人,第二次前往印尼,在西加里曼丹島的坤甸,山口羊,南蘇門答臘島的巨港、占碑,中爪哇的三寶壟、梭羅三省六個城市進行培訓,六城市報名的有 900 人,考試篩選後 340 多人正式參訓,旁聽的有 150 人,結果結業考試獲得證書的有 270 人。

---

[37] 同 30
[38] 同 30

2001 年和 2002 年暑期大陸漢辦資助 180 名華文教師分別到廣州暨南大學、廈門大學、北京語言大學、北京師範大學接受華語文師資培訓課程。

台灣僑務委員會每年均委託國立教育研究院舉辦印尼地區華語文教師研習營，接受印尼華校教師回國參加三週師資進修課程。

7. 印尼華文教育存在的問題[39]

印尼華文教育盡管取得了很大的進步，但困難問題還是很多，主要有：印尼政府的語言政策，仍有待改變，盡管現在的政府對華文教育採取了逐步放寬的態度，但印尼政府 1966 年代制定的一些重要華文禁令還沒有經過政府明令廢除。不少華文教師對開展華文教育仍心有餘悸，前文說到棉蘭市蘇東坡中學有學生 15,000 餘名，98%為華族卻沒有開設華語課程，主要原因也是擔心有不良的後果。

師資年齡偏大，素質不高，數量嚴重不足。目前印尼從事華文教育的主力軍是年過半百的老華校學生。他們是印尼華文教育的寶貴財富，其貢獻是難以估量的，但不可否認的是這些人年齡偏大，教育水準也不高。2002 參加印尼培訓華文教師年齡最大的 76 歲，超過 50 歲的佔大多數。棉蘭衛理三中的蔡校長已經 80 多歲了，蘇北民禮一位擅長幼兒園的老師，已經 70 多歲。

印尼華文教師水準不高也是很現實的問題，這是由多方面因素造成的。目前從事華文教學的教師絕大多數沒有大專師學歷，很多甚至初中都沒有畢業，學歷有限。其次，這些老華校生，有些從來沒有學過拼音符號及語音，更沒有學過教育理論、教學法和心理

---

[39] 同 30

學。其三是印尼國內禁止使用華文長達 32 年之久，對華語文難免生疏。

年輕的華文教師，雖有較高學歷，華語語音也較標準，但多未受師範專業教育，華文教育及書面語均深度不夠，教學難免發生困難。

印尼華文教師缺口有多大，有人估計，現在需要 10,000 名合格教師，也有人說僅雅加達就需要 10,000 名，據印尼雅加達華文教協調機構主任徐敬能先生預測，印尼國民學校都開華語文課為期不遠，而這需要 30,000 名合格華文教師的估計是不過分的。

8. 提高印尼華文教育的對策

辦學形式正規化，把目前以家教及補習班為主要教學形勢引向正規教學，建立教學管理制度、統一教學大綱、統一的考試，控制品質效果。

學習人士普遍化，華語文教學對象，應不限於華人子弟，華族非華族都有學習權利，華人社會有義務積極扶持和推廣責任。

培養高學歷年輕接班人，舉辦華語文師範教育，通過提高待遇，吸引優秀青年加入華語文教學團隊。

編輯適合當地的華語文教材，及補充讀物，教材應區分為大、中、小學各級華語文教材，全日制語言學校，語言補習班華語文教材，以及兒童華語讀本，並配合視聽教具。

四、結語：發展過程中的省思

本文就印尼的華語文教育問題做深入的探討，先從歷史回顧討論華文教育在這塊領土上經歷過燦爛與沈寂。然後分析印尼對華語

文禁令的成因，再就九〇年代後期的新發展作評估以對問題有不同層面的探討。

華僑移居印尼，不僅歷史悠久，可遠溯至十七世紀，而且人數眾多。隨著目前我國人口與產業外移的趨勢來看，未來華僑的人數將會有增無減，因此華僑要如何才能在僑居地方生根茁壯，要如何與母國保持連繫，變成非常重要的課題。

早期的華僑，或因母國戰亂，或因生活不易，遂離鄉背井，希望在異國求取一個安身立命的地方，終因努力、勤勞、節儉與堅忍，而能在異國創下基業，甚至累積財富。但最值得稱道者，莫過於華僑強韌的適應能力，使其能四海為家、隨處生存，並且繁衍壯大。華僑多以經商為主，其經濟實力常在僑居地具舉足輕重的地位。但是他們並未因此而一帆風順，卻遭遇了本土居民與當地政府的敵視與排斥。

印尼華僑在殖民政府時期與在獨立建國之後的時期，有截然不同的遭遇。在殖民時期，華僑與本土居民同為被統治者，他們面對統治者，有共同的命運與苦難，因此兩者雖然貧富懸殊，彼此敵意並不易滋生，因此華僑教育發展興盛。

然而華文教育鼎盛的情況，卻在幾年內灰飛煙滅，印尼政府全面禁止華語文教育。1965 年 9 月 30 日印尼共產黨發動政變未成，俗稱（九三〇事件），印尼政府相信那次流產政變是北京在幕後支持，但是北京方面否認，這件事是印尼歷史上的最重大分水嶺，印尼獨立後兩任總統就是在這件事後轉移權力。幾年的動盪下來，據說有幾十萬人被殺，部分華裔也牽涉其中，因此離開印尼。新任總統蘇哈託掌握局面，開始了「新秩序」（Orde Baru）時代，華語文禁令即是在這個背景產生。政變失敗以後，共產黨被上台的軍方認

為是國家最大的威脅，隨即北京和印尼交惡，中華人民共和國被視為不友善國家，印尼政府在 1966 年下達華語文禁令，所有華文學校關閉，校舍及設備沒收。

華語文禁令當時是與共產主義被聯繫在一起，也是印尼當局對於華人採行同化政策的具體實踐，後來全面禁絕華文出版品，禁止進口、販賣和散佈華文出版品，禁令後來得到立法通過，而執行上更加嚴格，連招牌，港台電影的宣傳，流行歌曲卡帶內附的歌詞也不得出現任何中文。華語文禁令夾雜著對華人的憤怒情緒，有時候不免有執行過當之處，早期甚至有郵局拒絕發送有中文姓名地址的郵件，進口郵包經常被打開檢查，中文書刊經發現便沒收。

華文禁令顯然得到民間極大的支持，（九三〇事件）是一個歷史的大轉折，使印尼本土人民產生國家受欺侮的情緒反應，因而怒及當地的華人以及其所使用的語言。據了解，六〇年代及七〇年代，在爪哇許多華人都有在公共場所用華語、福建話、客家話交談，而被憤怒的本土民眾干預。有許多四〇、五〇年代才到印尼的「新客華人」，因為印尼語不夠流利，在公共場所寧可不說話。這種情緒固然可說是（九三〇事件）直接影響所及，然而華語文禁令背後有更深遠的歷史情緒。

到九〇年代華語文教育卻有了新進展，局部開放了使用，使華語文學習有了復甦的現象，主要是由於亞洲經濟的蓬勃發展，使華語成為跨國企業活動的重要語言，由於區域經濟的發展，亞洲各國來往互動很頻繁，貿易商經常在東南亞各國家進出，在跨國企業工作的人都隨時有可能調到另一個國家工作，由於東南亞各地都有華語人口，隨著華裔商人在區域內的成長，華語在工商業的實用性快速增長。

　　即令如此，仍須清楚考慮，華人族群與原住民的關係，都仍舊敏感，加之印尼政府迄今尚未明令廢除當年頒布的各項華文禁令。

　　另一方面從印尼的國家民族主義的立場來看，1928 年的青年誓詞（Sumpah Pemuda）的口號即是「一個國家，一個民族，一個語言」（"Satu Tanah-air, Satu Bangsa dan Satu bahasa"）[40]，可以說是其國家民族主義的精神核心，此精神核心除了解脫荷蘭殖民主義的枷鎖之外，整合區域內各民族也是重要的內涵。在印尼獨立前後，印尼華裔移民的人口結構中，「土生華人」（peranakan）的人口所佔的比例極高，土生華人多半印尼語流利，早期有不少土生華人都是雙語或是多語人才，他們是印尼國家民族主義的亟欲整合的對象，在 1945 年爭取獨立之初的憲法中已經有接納其為印尼公民的條文，印尼的建國目標一開始就希望將各族裔融合為一民族，包括這些外裔人口或其後代，這個目標和戰後的華人意識的發展方向「葉落歸根」不同，已經為未來的衝突留下伏筆。

　　從這個角度來看，自從印尼自荷蘭手中接掌政權之後，就開始對存在印尼的華文教育系統採取縮緊政策，1950 年取消荷印時代對華僑學校的補助，1952 年頒佈華僑學校監督條例，管制華僑學校的教學內容，規定印尼語文為必修科目，1957 年公佈監督外僑教育條例，不准取得印尼國籍的華裔子弟進入外僑學校就讀，1958年軍方下令關閉右派華文學校，接管校產，到了 1966 年則是關閉所有華文學校。這一連串的舉措都反映了印尼強烈的整合國家內部的意圖，邁向單一語言的民族政策。就印尼語凝聚國家統一團結，並非單單針對華裔，如今印尼境內的各族裔語言，除了爪哇語以外

---

[40] 楊聰榮，文化認同與文化資本，印度尼西亞華語文問題的新發展（2003）

都快速地流失，新一代都改用印尼語溝通，也是這一政策的結果，就長期來看，印尼語將成為各族裔的第一語言的政策將待續下去。

我們不可能期望印尼會邁向多元文化主義國家發展的道路，對華文教育完全開放而不加干涉，那應如何使華文教育，能夠讓印尼政府與民眾接受，發展出適合印尼情況的架構，值得再思考再深究的課題。

世界華語文教育學會

WORLD CHINESE LANGUAGE ASSOCIATION

10093 台北市中正區寧波東街 1 號 4 樓

4F, 1, NING-BO E. ROAD, TAIPEI, TAIWAN, ROC.

TEL：+886-2-2351-1385；FAX：+886-2-2341-7064

E-mail：wcla.cec@msa.hinet.net

Web-Site：http://www.wcla.org.tw

印尼華文教師培育的策略

江惜美

銘傳大學

摘要

本文擬從我國僑務委員會於西元二〇〇〇年五月,自印尼考察華文教育開始,如何展開培育印尼華文師資,溯其本源,再提出對印尼華文教師培育的策略。印尼華文教育中斷了三十二年,二〇〇〇年七月,僑務委員會有鑒於時機成熟,隨即開辦「暑期巡迴教師研習會」,迄今已第六年,培育師資不下三千人,對印尼華文教育投注很多的關注。然全球華文熱方興未艾,所培育的師資,仍無法供應印尼各地所需,如何落實華文師資培訓工作,乃刻不容緩的事。本著對華文教育的熱忱,以及六次前往印尼從事師資培訓、兩次在國內協助僑務委員會培育印尼回國教師的經驗,僅提出個人的看法,供未來培訓師資之參考。印尼華文由於斷層嚴重,師資良莠不齊,若要提升教師教學能力,一定要第一線教師能自編教材,精研教法,使印尼在地的學生,能透過教師生動活潑的教學,一點一滴的學好華文。我們可將學生對象分為華裔與非華裔,教師分為本科系、非本科系,進行教與學的配合,如此一來,不獨讓教師們藉著研習會學習教學技巧,且能協助印尼華文教師知道如何運用教材,自創教法,以達成教學任務。

關鍵詞:印尼華文、師資培育、教學策略

一、前言

自西元一九五八年，印尼政府接管華僑學校，改為印尼學校以來，至一九六六年，全印尼沒有一所設有華文課程的學校，有些華人家長將子女送往台灣、香港或新加坡學習華語。一九六九年，各地區開始興辦特種民族學校，所有課程均以印尼語教學，另有兩節華文課，但華文成績不列入升級的考量。一九七四年，印尼政府憂心特種民族學校受華人歡迎，下令關閉特種民族學校，此後，印尼僅有華文補習班傳承華文教育。

西元二〇〇〇年五月，我國僑務委員會見時機成熟，首次到印尼雅加達、泗水兩地考察，確立了暑期舉辦教師研習會的方針[1]。筆者隨即回國協助策劃課程、師資以及相關事宜。同年七月，帶領研究生前往印尼雅加達、泗水兩地，舉行教師研習會，培訓一百五十二位華文教師[2]。此即印尼華文教育在斷層三十多年後，我國第一次協助培訓印尼華文師資。

雅加達、泗水首次華文教師研習會，造成極大的迴響。隔年二月，泗水更舉辦了第二次的教師研習會[3]。當地教師因為迫切需要

---

[1] 當時，由擔任僑務委員會二處處長的許振榮、專門委員張淑惠、科長張景南與筆者一起前往考察，拜訪了雅加達、泗水的私立小學。那些小學生本為華裔子弟，竟不能說華語，使筆者感到心疼；當地僑領、與會教師亦紛紛請求舉辦華文師資培訓，遂有回國策劃研習會的計畫。

[2] 2000 年 7 月 24 日至 8 月 4 日在雅加達，計 101 位教師；同年 8 月 5 日至 8 月 16 日在泗水，計 51 位教師參加培訓，共計一百五十二位。

[3] 第一次泗水舉辦華文師資培訓，陳文華會長夫婦、陳應亮董事夫婦、李秀珍女士等，有的出錢、有的出力，為研習會盡心盡力。他們見教師們渴望受訓，遂自費於次年二月，再次邀請筆者帶隊到泗水培訓，同時，初步有

教材的挹注，請求編印《印尼版兒童華語課本》，以利教學[4]。筆者回國之後，除提議印尼華文教師研習列入「暑期巡迴教學」外，二○○一年並協助僑務委員會於三峽舉辦「印尼組華文教師暑期回國培訓班」[5]。同年七月十六日至八月十七日，筆者隨即率領研究生赴印尼泗水、三寶壟、雅加達、萬隆及棉蘭，展開師資培訓[6]；二○○二年七月十五日至八月二十三日，前往印尼泗水、三寶壟、雅加達、萬隆、山口羊及棉蘭培訓[7]。

而今，暑期印尼華文巡迴培訓工作已列為僑務委員會常態活動之一，每年教學的地點，迭有增加；並有文化教師前往教學，造成熱烈的迴響，暑期印尼組回國培訓的華文研習會亦為重點之一。更可喜者，泗水自成立「弘華師友會」以來，已經六年，除在當地成立「教師聯誼會」，為全印尼首創以外，並協助國內在當地主辦「暑期教師研習營」[8]。《印尼版兒童華語課本》也允許在當地編印，就

成立「教師聯誼會」的構想。

[4] 「僑務委員會」在每次巡迴教師出國之前，會有「行前講習會」，返國則由教師撰寫心得報告，並提供建議。筆者回國，即藉此反應《印尼版兒童華語課本》應著手編纂，並儘快送抵印尼授課教師手中。教材編印完成，印尼政策未能同步，遂使送抵印尼的兒童華語課本，無法發揮作用。然據悉返國教師到僑務委員會領取教材者，不在少數。

[5] 2001 年 6 月 27 日至 7 月 14 日，印尼回國培訓教師計 43 位，於三峽台灣省國民學校教師研習會參加研習。筆者特邀台北市金華國小向惠芳老師擔任輔導員，兩人並輪流駐守在三峽，協助印尼僑胞。

[6] 此行率領市立師院研究生朱乃潔、陳怡青、張于忻、王廣鈞四位前往，培訓師資 882 位。

[7] 隨行者有陽明高中劉永炎、西門國小邵盈榕老師，共培訓 485 位教師。

[8] 「弘華師友會」為筆者第三度前往泗水教學時，會中教師紛紛認為若能成立一個與「教師研習會」相似的組織，以進行教材編寫、教學心得等交流之用，必能更落實當地的華文教師培訓工作，於是選出第一任會長陳靜美，組織此一教學聯誼之團體。

近供給教師教學之用，這一切都是僑務委員會「在地紮根」的遠見，筆者亦欣見華文師資培訓在印尼生根、發芽，如今能欣欣向榮。

印尼華文師資培訓工作，牽涉到全印尼華文教學是否成功。筆者回首前往印尼五度教學、印尼華文教師回國受訓已七次[9]，是否代表師資培訓的工作已足夠？答案是否定的。教學是薪火相傳的事，絕非少數人的奉獻，就能綿延流長。今後，更有賴有識之士提供全方位的培訓計畫，方能奏效。筆者願以教育工作者以及僑務委員會志工教師的身分，提出印尼華文教育師資培訓的構想，供有關當局參考。

二、我國印尼華文教師培訓溯原

在提出教師培訓計畫之前，應對於往日培訓的情形，進行了解，如此才能鑑往知來，飲水思源。西元一九九八年五月，印尼爆發了嚴重的「排華運動」。根據當時華僑的敘述，首都雅加達的一棟大樓，被團團包圍，華人被限制行動，並遭受到不人道的待遇，這件事也引發了更大規模的排華運動[10]。事後，經當地華僑與印尼政府磋商，認為由於語言、生活理念的不同，造成種族的仇恨，此非民主國家的福氣。我國大使館、印尼僑領、各宗親會有力人士，

---

[9] 2001 年首次開辦印尼小學華文教師回國研習班，2002 年幼教班華文教師參加培訓，2003 年小學華文教師研習班，2004 年四月幼教班華文教師回國研習，同年八月小學華文教師研習班，2005 年六月、十月小學華文教師研習班，共計七次。

[10] 2000 年七月，筆者帶領市立師院（現改為台北市立教育大學）四位研究生：楊曉菁、陳怡青、張于忻、王廣鈞前往教學，即住在當時被包圍的大樓。

紛紛挺身而出，與印尼政府交涉，遂有舉辦「華文教師研習會」，推廣華文教育，加強中、印友好關係的想法。

二〇〇〇年五月，我國外交部見時機成熟，於是與僑務委員會商議，搶先大陸一步前往雅加達、泗水考察。七月，展開暑期教師研習會後，大陸仿照我國的模式，也立即展開教師培訓的工作。所幸我國主辦的研習會十分成功，教師們求知若渴，深覺受益[11]，提議有必要年年都舉辦教師研習會。年年舉辦教師研習會的目的，一方面是為印尼培育華文師資；另一方面是讓教師學習教中文的新技巧，有機會接觸國內中文最新的教材、教法，提升教師的教學能力。

任何一國的教育要成功，離不開師資培育、教材和教法。首先，師資培育的良窳，直接關係到教師的素質；有優秀的老師，才能培育出優秀的學生。二〇〇〇年時，印尼師資非常欠缺，教華文的教師斷層非常嚴重[12]。當時，一位老師授課的薪水，僅一小時一萬印尼盾，相當台幣約一百元。待遇低，自然想教書的人意願不高，因此，這些教師都是熱心人士，志願擔任華文教育的義工，並不計較待遇的多少。

至於印尼版的華文教材，更是缺乏。不但印尼當局嚴禁中文書輸入，甚至在泗水亦少見中文的教材[13]。泗水是印尼第二大城，猶

---

[11] 2000 年七月，參加雅加達研習會者約一百人，泗水約四十五人，大半是印尼華校被關閉時學校年長的教師，以及留台校友同學會在當地教授中文者，使用教材大半來自僑委會供應的函授教材，目的是讓華僑子弟可以返國升學。

[12] 當時仍在教授華文者，皆本著傳承中華文化的理念，希望華裔子弟能不忘本，因此由宗親會聘請教師，教授華裔子弟華文；期間有政府認可的短期華文補習班，學習的人並不多，教師待遇亦不高。

[13] 為此，李秀珍老師特地帶筆者前往泗水當地的書局參觀，發現架上中文書全為簡體字版，且數量極少。

且如此，其他各地華文教材的缺乏，可見一斑。教師們在研習會中，提議國內能編印中、印文的華語教材，以彌補華文教材的不足，筆者於是建議僑務委員會編印《印尼版兒童華語課本》、《五百字說華語》、《一千字說華語》，以充實印尼的華文教育內容。

僑務委員會從善如流，開始著手編製上述教材。限於時間的迫切性，將當時已有的菲律賓版中有關菲國民俗部分抽換，以印尼當地節慶、習俗為準，進行改編。教材於二○○一年編印完成，又限於印尼政府政令尚未開放，無法運送到該地[14]。目前，僑務委員會已將《新編華語課本》印尼版第一至十二冊及《一千字說華語》兩套書，授予雅加達台培教育中心改作權，在印尼地區印製並平價供應各僑校使用；另《印尼版五百字說華語》亦編製完成，可供印尼地區僑界使用。

至於教法，筆者針對印尼教師規劃了一系列的課程。首次到雅加達、泗水，即針對教師知能，規劃「生字」、「新詞」、「語法」、「課文形式深究」、「課文內容深究」、「會話教學」、「教具製作」、「教案習寫」等語文教學專業；以及「兒童心理學」、「教師心理衛生」、「班級經營」等教育專業課程。教師們都覺得收穫豐碩，還覺得研習時間過短，希望能延長研習的時間。

接著，再次研習，針對深化語文教材教法設計。筆者在泗水講授「歡歡喜喜為人師」，強化教師教育功能，乃在「教學」、「輔導」、「研究」三方面並重。又講授「語文的創造思考」，針對如何培養語文敏覺、流暢、變通、獨特和精密的能力，仔細羅列各種語文教

---

[14] 教材編訂之後，將運往印尼當地，卻受到阻攔。俟順利運送到當地，沒想到國內立委以教材內容未能切合國內現狀，不准發放，故迄今只有少數返國拿教材的教師，以此教材進行教學。

學的技巧。與會教師在會後，深覺華文教育的精深、博大，於是有創立「弘華師友會」的構想[15]。

國內也有加強培訓師資的構想，在二○○一年七月，三峽首次開辦「印尼暑期回國教師研習會」，由筆者負責策劃。為使教師們能安心學習，筆者親自駐守三峽，安排輔導員協助回國的印尼華文教師，作為期三週的培訓。與會教師感覺到國內對他們的關注，十分感動[16]，迄今已連續舉辦了七次，培訓二六二位華文教師[17]。

回想二○○○年五月，甫踏上印尼的土地，就深覺責任重大。在師資培訓一片空白、教材付之闕如、教法亦一無所知的情況之下，帶著四位研究生從事師資培訓工作，不可謂不辛苦[18]。相較於今日，暑期到印尼教學的路線已擴增至四線，每線三個據點，共十二個大城，每一年有近千名教師接受培訓；國內印尼組暑期教師研習會，已進入第五年，中原大學與印尼也有交換教師的構想。這一切，足見我國在印尼的師資培訓工作，已有良好的基礎、蓬勃的發展。當然，印尼當局的開放華文政策，因應了世界潮流，也是華文教育成功的主因之一。相信在不久的將來，我們會看到印尼在東南亞的崛起，在世界的舞台上，佔著舉足輕重的地位。

---

[15] 筆者希望當地華文教師，能從當地的生活習俗、語言差異進行探究，從事自編教材的工作。只有第一線的教師，能察覺在印尼進行華文教學的困境，並憑著已有的教學經驗，改善教學的方法。

[16] 第一次回國接受培訓的教師，回到當地後，接下了傳承華文教育的工作，至今仍兢兢業業在他們的工作上。

[17] 包括小學華文教師 242 位，幼教華文教師 20 位。

[18] 第一次住在華人被限制行動的大樓，電梯數次故障；一住進去，即中暑熱，幾至喪命，幸能達成艱鉅的任務，不負國家的托付。

三、印尼華文師資培訓的策略

　　培育華文師資的難處，在於教學對象與國內學生不同，教學目的也不一樣。若是由國內教師前往印尼當地教學，除了適應那裡的氣候、民俗，還會碰上語言是否流利，能否雙向教學的問題。至於培訓當地教師，教材、教法能否切合當地使用，也是教學成功與否的關鍵。有這些困難，必須針對「學生是否為華裔？」、「學生是否有華語的背景？」、「教師本身是否具備雙語教學能力？」、「教師是否對兩國歷史、文化都了解」，以及「在哪裡進行培育工作？」等方面著手。

　　國內培訓的中文師資，在以往有師範院校，亦即現今十所教育大學；現在除了教育大學負責一部分公費生培訓工作外，各個大學都有教育學程，針對有志從事教育工作者，加以教育專業訓練，師資已邁向多元化。這些教師受訓之後，要經過實習、教師認證，成為儲備教師。每年學校公開招募教師，他們前往應徵，甄選上才能成為正式教師。由於教學的對象是國內的學生，學習的基準點很好拿捏，也不會有溝通上的困難，因此，進行教學時，若有問題即可迎刃而解。

　　對照目前印尼的華文師資，可以發現並沒有培育的機構。自從印尼華校在一九七二年關閉後，那些華校的老師，成為補習班教師，往往是在家開設，以補習的方式，教導華裔子弟識字、讀經，目的在不忘本。這些老師目前大約五十歲左右，憑著以往所學，教學至今，他們並沒有經過修學分、實習、檢定、甄選等過程，因此全憑自學的功夫。當然，由於已在印尼生根、發展，他們的印尼語是非常流利的。

　　像這一類的教師，我們可以安排學分的修習。筆者曾發表（二十一世紀語文教育的展望——兼論師院生語文基本能力）一文，文中提及一位教師要把語文教好，至少要修習「文字學」、「國音學」、「說話指導」、「閱讀與寫作」、「圖書館利用教育」、「寫字」、「文法與修辭」、「詩詞賞析」、「應用文」與「國文」十個科目[19]。針對印尼教師，科目可以調整為「文字學」、「國語語音學」、「語文科教材教法」、「語法與修辭」、「歷代文選賞析」等五項專業語文科目，再加上「教育心理學」、「教學原理」、「班級經營」、「教師心理衛生」、「教育統計與測驗」等五個科目，共為十科。經過這些學分的修習，再看他們實際練習的教學情形、給予教師檢定證書，這麼一來，他去教學生時，最起碼具備教學的能力。

　　暑期師資培訓研習會時，筆者除規劃課程，也曾親自教授這些科目，然後針對教學內容給予測驗，讓他們上台試教，最後頒發證書[20]。得到這張證書，他們已獲得當地社會局的認可，可以協助印尼學生學華語，當然也包括開班授課。

　　我們要了解的是，他們的教學目標是什麼？他們面對的，是一群對華文並無概念、也無學習環境的學生。我們可以協助他們的，是提供相關課程，指導他們學會教學的原理、原則，把握學華語最有效的方法。有了這些原理、原則、方法，他們可以用在教學上，

---

[19] 參見拙著《國語文教學論集》，（台北：萬卷樓出版公司，1998 年 8 月），頁 13。目前二版再刷，由本人自行刊印。

[20] 2002 年七月，三寶壟主辦單位要求在研習會後，讓學員上台試教，而後由當地社會局頒發結業證書，這些老師日後若要開中文補習班，就是合法教師。筆者與劉永炎、邵盈榕老師分為三組，個別看他們試教，與會教師們無不卯足全力，最後全順利過關。目前，這些老師有的投入華文教育工作，成為在印尼推動華文教育的尖兵。

使學生很快的學會寫華文、說華語。這也就是為什麼要提供《印尼版兒童華語課本》、《五百字說華語》、《一千字說華語》的主因了。

運用《印尼版兒童華語課本》，進行注音符號、說話、讀書、寫字、作文等活動，可以統整學生的語文能力，達到「心手合一」；學會《五百字說華語》、《一千字說華語》，可以讓學生以華文交談、以華語表達情感和思想。這些教材內容，教師不需要印尼文的註解，註解是給學生參考用的。只要學生能寫華文、說華語，就已經達到教學目的了！

我們要試問：「他們的學生是不是華裔？」、「回到家以後是否有華文環境？」，如果是，教師在營造環境和複習內容上，可以較省力；否則，教師要設法營造中文的環境，並且常以華語和學生對話。如果可能，讓學生到國內來參觀、訪問、學習，有了語境以後，所學可以印證，也可以增強他學習的信心。而在培育師資時，要講授如何引起學生學習興趣的課程，讓教師具備足夠的教學能力。

另外，教師是否具備雙語的能力呢？教師對兩國的歷史、文化是否熟悉？如果是，他去教印尼籍的學生時，當然效果比較好。因為教學無他，旁徵博引、長於譬喻是最起碼的能力。教師本身具備豐富的常識、知識，還精通兩國語語言，在表情達意上比較精確，當然效果也會比較理想，但如果教師不具備雙語能力，不熟悉兩國的歷史、文化呢？

其實，透過第三語，例如：英語，也可以達到教學的目標。教師以簡單的會話、字彙、詞彙，可以和學生溝通就好了。這一類教師，我們可以教授英語會話、第二語習得、英語語法、英文寫作、英語科教材教法等課程，讓他們懂得簡易表達方式。另一方面，給予兩國文化的素材，從兩國必選的文學作品、歷史故事、文化變遷

史中，加上新聞時事、生活習俗等，進行培訓，以增進他們對兩國文化的理解，在上課時，才能適切的選材，引起學生的共鳴。

最後，我們要問的是：在哪裡培訓？如果是回國來受訓，面對的是印尼僑胞是否適應台灣氣候的問題；如果是到國外培訓，正好反過來，是前往印尼的教師，能否適應當地生活的問題。畢竟離開生長的地方，有的人士適應力強，很能適應當地的氣候、民情，但有的人卻不習慣異地生活[21]。如果身體無法調適，再好的教學效果也會打折扣。

筆者應僑務委員會邀請赴海外教學十二年，擔任二十三次「海外教師巡迴講座」，對於前往海外進行師資培訓，也有些許心得。分述如下：

(一) 牢記教學使命：每一次到國外培育師資，要明白自己的身分，身為中華民國的教師，要能將最好的教學法奉獻出來，造福海外的華裔子弟。

(二) 注意言行舉止：代表國家到海外培訓華文師資，一言一行都要講究禮儀，與僑胞互動，要展現熱忱，不做非分的要求。前往國外，要做好國民外交，為國家爭取光榮。

(三) 發揮團隊精神：到海外教學，往往是二至三位教師一組。彼此應尊重團隊的決議，不可我行我素，與他人爭吵，以免貽笑方家。

---

[21] 印尼僑胞初次回國接受師資訓練，遇到半夜冷氣停了，都自動醒來；吃飯時，發現辣椒很少，也食不知味。更有趣的，北海一週的那一天，天氣炎熱，學員們紛紛中暑。問他們「印尼不是也很熱嗎？」他們說：「印尼是熱，但我們出門都有司機、坐轎車，從來沒有在大太陽下走這麼久！」還有的學員，半夜腹痛，緊急送他們到恩主公醫院就醫，這些都是意外的小插曲。

(四) 做好充分準備：海外不如國內便捷，而且事事要仰賴僑胞。行前如果能做好教學的準備，講義、投影片都準備齊全，可以免去到海外還手忙腳亂的窘境。

(五) 規範生活起居：到海外教學，要懂得照顧自己，準時就寢、按時休息，不要勞累過度，影響到同行的教師。至於飲食，更須小心，不要暴飲暴食，以免身體不適。

(六) 小心外出安全：到異國異地，切忌單獨行動，凡事小心安全。各國治安好壞不一，但若要出外，一定要有當地僑胞作陪，以免發生意外。

以上是多年巡迴教學的心得，僅供未來到國外培育師資者做參考。在走遍菲律賓、美國、中南美洲、紐澳、馬來西亞、韓國、印尼等地之後，我發現：培育師資的人必須有強健的體魄，健全的心志、服務的熱忱、活潑生動的教學技巧和與人合作的特質。只要有一環做不好，就很難達成使命。

總之，要做好印尼師資培訓工作，可以採取以下策略。一、針對印尼教師，設計修習的學分，供他們取得教學學士學位，分語文專業課程、教育專業課程和教師基本能力三方面。修習後，進行實際教學，合格者頒發畢業證書，取得儲備教師資格。二、儲備教師中優秀的，准予修習碩士教學課程，合格後頒發教學碩士，成為當地培育師資的尖兵，使當地成為培育華文師資的搖籃，就近培育華文人才。三、無論出國培育師資者，或返國培訓的教師，都要做好行前的準備，牢記此行的使命，順利的完成培訓工作。四、培訓後，應有培訓檢討會，針對學員建議，應改進的事項，一一檢討，作為下一次舉辦培訓的參考。

四、結語

師資培訓者，肩負著重大的使命。在印尼，歷經了六年的努力，欣見華文掀起了一股風潮，甚至仍在延燒。然而，若要培訓工作變成一個常態活動，仍有許多努力的空間。面對大陸積極培育印尼師資，廣設「孔子學院」、派駐教授、研究生編纂教材，我們能做些什麼？這是我經常思索的問題。

培育印尼華文師資，可以從兩方面做起。一是設立培育機構，全權負責規劃培訓課程、敦聘師資，研發教材，並培養學生教華文、華語的能力；一是針對華語教師教學對象不同，設計相關學分，授予學位，建立健全的師資。目前，我國採取的是第二種做法，但仍未朝授予學位的方向去做，這是可以規劃的方向。每年的研習會，課程雖經全體規劃，然而來研習的教師年年不同，無法有系統的接受課程，這是美中不足之處。

我們若正視印尼華文師資的問題，那麼，有系統、有組織的課程規劃不可少。培育師資的教授，要自覺責任重大，針對學生需求設計課程內容，指導其教學技巧。受訓的學員要了解，藉由學分的修習，才能累積教學的實力，提升自己的人文素養。有關當局應蒐集相關文獻，供制定培訓機構參考，並切實負起考核之責。能這樣，師資計畫才算成形。

今後，無論是到海外培訓師資，或印尼僑胞回國受訓，我們都希望能有一系列的規劃。針對重要的學科，奠定學員的教學能力；提供兩國文化內容的教材，引發學員學習的興趣。最重要的，讓學員們回到印尼，當華文教學的先鋒，讓他們把華裔子弟教好，或是把想學華文的印尼人教好，這才是我們培育師資最終的目的。

　　在此，建議先成立學分制，讓受訓的學員修習學分，將該學科的學分修齊。學分可分三階段，第一階段語文專業課程，第二階段教育專業課程，第三階段教師基本能力課程。學會這些課程，頒發學分證書，經實習後，授予學位，從事實際教學。

　　至於海外巡迴教學，應繼續辦理，讓那些印尼華文教師，有再次充實知能的機會。參與的本身就是一種學習，藉由參與研習會，獲得新的教學理念、有效的教學方法，可以改善平板、無趣的教學，提升教學能力。印尼各地若能成立「教師聯誼會」，平日就讓教師們有切磋、交流的機會，對華文教育有正面積極的效應。

　　我們期望有關單位能規劃短期、中期、長期的師資培育計畫，提升印尼華文教育。短期以規劃學分為主，中期以設立專責機構，長期為健全學位制，使培訓教師能有進階學習的機會，為海外子弟奉獻所學。能這樣，我們國家培育出來的華文精英，必能讓世界各國刮目相看。

印尼華文教育師資問題與解決對策

張雪惠

政治大學

摘要

近年來以華文作為第二外語在印尼教育上漸成趨勢,已逐漸超越傳統的英文和日文,對於就讀華文的學習者而言,就業機會相當廣泛,不僅更容易能進入政府機關,並能從事多方面的經濟與教育的事業。自從一九九九年哈比比總統頒布第四號總統訓令書,允許在校學生選修華文課,而後更頒布了總統訓令書,從原禁止的立場轉為鼓勵國民學習華文。然而,華文被禁止了三十多年導致華文教師的缺乏已成事實,造成無論勝任與否,只要能說華文就可以當華文教師這種良莠不齊的現象,在學校或補習班當華文教師者,多半是大學中文系的畢業生。至於現今印尼華文教育師資問題主要浮現在兩大方面:「教師的語言能力與缺乏教學方法概念」。

本論文首先將探討印尼目前所面對華文師資問題的狀況,且擬提出建議解決方案。因印尼缺乏華文演練的機會和環境,國內大學培養出的華文老師其語言能力未必符合標準華文,再者曾經出國進修華文的老師雖具備了良好的語言能力,卻面臨缺乏華文教學方法概念的困境。以這兩種觀點出發分析,由於筆者在台灣學習華語數年,並有在印尼大學教授華文的經驗,擬在本文中提供解決方案,包括:一、開設華文教師培訓中心;二、在大學開設華文教學方法

的課程；三、鼓勵印尼大學生或畢業生到中國大陸或台灣進修華文。上述解決方案包含了筆者在學術與實務上的累積，希冀藉此能促進印尼華文教育與教學的發展。

關鍵詞：印尼、華文教育、師資問題

一、印尼華文教育的背景

　　印尼華文教育的歷史非常的特殊。自 1965 年印共政治事件後，政府下令關閉所有華文學校，並禁止華文教育與嚴格管制華文書刊印行。當代的全國三千多所大學中，僅核可「印尼大學」和「達爾瑪‧帕莎達大學」設有中文學系。[1]1998 年 5 月蘇哈托下台之後，3 屆印尼政府對華文教育政策進行了程度不同的調整，如哈比比總統于 1999 年 5 月 5 日頒布（列 269/U/1999 號決定書）批准復辦華文教育的第 4 號總統令，廢除對民間開設華文補習班的限制性條例。[2]二〇〇一年二月瓦西德當選總統，正式宣布開放華文，使印尼的華文教育重現生機。2001 年 3 月雅加達的華文補習班共計有 130 多間；印尼教育部已決定把學習華文納入國民教育體系，作為高初中的選修外語課程等。如今，在雅加達、棉蘭、泗水等地區，中小學的華語課程如雨後春筍般地設立，印尼各地的大學另設有華語專業班。

---

[1]　周憲明，〈印尼地區華文教育現況與挑戰〉，頁 25。
[2]　董鵬程，〈從社會變遷看全球華語文教育的前景及學習環境〉，頁 3。

二、印尼華文教育的師資問題

（一）華文教師分類

　　三十多年華文教育的斷層，造成印尼的華文教育得面對嚴重的師資問題。華文被禁止的期間，僅有國立印尼大學和私立達爾瑪·帕莎達大學獲准設立中文系。其中，印尼大學中文系於 1940 年成立。當時華文教師大部分是荷蘭人，直至 1954 年教師才改由華人擔任，包括當地華僑與來自於中國大陸以華文為母語者。私立達爾瑪·帕莎達則於 1986 年成立了中文系。[3]目前在印尼的許多教育機構（包括高等學校、中小學校、以及補習班）擔任華文教師多由此兩所大學所培養的畢業生擔任。另外尚有三個來源：一、華文學校被政府封閉之前，在華校擔任各種科目的華裔教師；二、曾經讀過華文學校的華裔教師；三、曾經到大陸或臺灣就學華文的僑裔。[4]這些所謂華文教師各有利弊，例如印尼國內大學中文系培養的畢業生對中國的基本知識（如中國歷史與文化）可說已符合基本的要求。然而，大學沒有專門培養華文教師的目標，也沒有特地設置華文教學方法的課程，因此缺乏教學法的概念。至於華裔教師在語言上頭多半受到他們母語（如福建話、客家話）之影響。這一類教師的年齡一般來說要 50 歲以上。年輕一代的教師是曾經到大陸或臺灣進修華文的教師，年齡則介於 20~35 歲。

　　除此之外，還有一個師資來源是從大陸聘請到印尼來教授華文的外籍教師。至於這類教師扮演的角色本論文也會討論到，由於目

---

[3] 莊尚花，《針對印尼學生初級華語聽力教學之規劃設計》，頁 7。
[4] 這四類的華文師資來源是依筆者在印尼學習併教授華文的觀察。

前在國內教授華文課程的教師大多數來自大學中文系畢業生，因此筆者在本文中將針對此一部分分析印尼華文教育的師資問題。

（二）華文師資問題

　　大學裡開設的中文系分成兩種系統：大學部和專業班。大學部教育系統設計的課程比較多元化，不僅建立學生的語言能力，並提供給學生中國文化相關課程，如中國歷史、政治、文化、社會以及文學。因此，學生不但得掌握華文的基本能力，亦必須掌握中國基本知識，以追求專門學門的理解與研究。相形之下，專業班則注重應用華文教育，以培養具有競爭力的人才。大學設計給專業班的學生的華文課程比大學部的學生還要多，然而其他專業課程就沒有大學部的那麼豐富。這兩種不同的大學教育系統培養出的畢業生就是目前從事華文教師最多的來源。至於他們的語言能力得參考這些畢業生的華文教育背景來判斷。

　　大學中文系的畢業生部分有出國進修華文的經驗，部分純粹由國內大學環境中培養。這兩種畢業生在語言能力上有所不同，通常負笈中國大陸或臺灣進修華文語言能力會顯示出明顯的優勢。他們的語言程度相較於不曾出國的當地華文教師更為優越，尤其在聽力和會話，因為他們曾經生活在純華文的環境裡。然而，大多數的教師仍有發音與聲調不標準的問題，容易發音錯誤或說錯聲調，其原因在於一些華文特有的發音在印尼文裡頭不曾出現，如捲舌音可說屬於對印尼的華文學習者較難發的音，發音聲調的錯誤更是印尼華文老師最常出現的問題，這也是因為印尼文跟華文，其語文本身最大的不同所致。

　　印尼的華人人數可說是東南亞國家中最多的，但是卻也是最缺乏學習華文的環境，原因與以上所提到的印尼華文教育的歷史背景有相當密切的關係。印尼華文教育被禁止了三十多年，導致許多年輕的印尼華裔缺乏華文能力，同時也導致現今印尼華文師資的匱乏。老一代的華人雖然還是會說華文，但是多數受到中國方言的影響（如福建話或客家話），加上年齡的限制，也不甚符合華語師資的需求。最後的原因是即使如今華文網路資訊發達，但是印尼國內沒有那麼多學習中文的管道，因此教師的華文能力自然受限。

　　大學中文系背景的教師，除了華文能力有待加強之外，更嚴重而迫切必須解決的問題是教師缺乏教學方法的訓練。大學中文系沒有特地規劃培養華文教師，因此大學課程中教學法的相關課程付之闕如。因此，中文系畢業生只好因襲前輩老師的教法，難有突破。換句話說，大學畢業生教師多半只能模仿過去在大學老師的教學法，以死記、硬背當作主要的教學方法。由於缺乏專業教育訓練，再加上教師本身往往缺乏教書的興趣等總總因素，導致目前印尼的華文教育仍然是處境艱難。現今華文教師必須面臨嚴苛的生活現實壓力，在印尼擔任華文教師的薪資並不高，為了生計，教師們多半必須兼任多份教學工作，造成無法只為單一教育單位服務，無法專注投入教學的結果，直接衝擊到老師無法為教學備課，更難以充實自己的華文能力。在這樣的情境下，更無法去思考發揮這些老師的教學潛力。不過在此艱難的環境中，也有部分老師秉持教學的熱忱，在重重限制下仍然發展出適合自己與學生的教學法，他們創造獨樹一格適合印尼學生的教學法，這批稀少的教師雖然華文不見得說得很流利，但是在教學方面，因經驗和興趣的結合，走出自己的一條路，這樣的經驗值得深入去探討與學習。

三、解決教師問題的對策

　　語言能力指的是聽、說、讀、寫四大語文基本能力。為了提高印尼教師的華文能力並改善缺乏教學法的概念，筆者提出以下的幾個方案：

　　(一)鼓勵老師以自費或者獎學金到國外進修華文。可惜目前印尼國立大學因經濟考量，只能依靠中國大陸或台灣政府提供獎學金，才能派老師到國外進修華文。相反的，私立大學因為經濟能力壓力較輕，派教師到國外唸書並不是難事，不少私立大學如「瑪拉納塔基督教大學」(Maranatha Christian University)、「彼德基督教大學」(Petra Christian University)與中國大陸大學合作交流多時，就是國立大學動作比較慢。連國立印尼大學中文系到目前為止尚未跟任何一所大學合作。

　　(二)創造語言環境。學習外語不外乎經常使用，聘請華文母語者的外籍老師來印尼，一方面可以創造華文的學習環境，同時也可以把這些外籍老師當做良好的學習對象。

　　(三)開闢華文修習管道。多利用目前科技以學習華文，如衛星電視、華文報紙、華文雜誌等。

　　(四)建立華文師資認證標準。目前印尼政府尚未規定國內華文教師的統一標準，導致每一個教育機構聘僱的教師在語言能力上參差不齊，印尼政府應該推出華文師資認證的辦法，針對華文教師能力予以把關，進行能力分級與認證，唯有通過這種考試的人才能當華文教師，改善現今能說華文即可以當華文老師的狀況。

至於改善師資的教學法概念，以下的對策可提供給印尼政府、國內及國外的華文教育專家參考。

（一）在大學中文系開設教學法課程

實際在社會裡從事華文教育工作的，多半是大學中文系畢業生，但是因為大學沒有開設教學法的課程，所以造成這些中文系的畢業生缺乏教學法的訓練。雖然印尼國內大學的中文系，沒有特地要培養華文教師，但考慮到社會對於華文教師的需求，也應該考慮開設華文作為第二外語的教學方法課程。自去年起印尼大學中文系開始開設華文教學方法的課程，而負責教授這一門課的教師是臺灣師範大學華語文研究所的畢業生。希望其他的大學也能夠仿效，學生畢業後才具有足夠的競爭力。

（二）鼓勵教師參與國內及國外舉辦的師資培訓班

目前印尼國內陸陸續續的舉辦了一系列師資培訓課程，邀請來自大陸或臺灣的華文教學專家演講。參加過這種活動的華文教師多半感到很有收獲，不但可以藉此對教學方法有了清楚的概念，也有機會跟其他的老師們交流教學經驗。

（三）開設師資培訓中心

印尼師資問題顯示主要的共同點，就是教師毫無教學法的訓練，這種情形明顯不利於印尼未來的華文教育，因為隨著中國在全世界經濟上扮演越來越重要的角色，將來印尼需要更多的華文老師，印尼政府也開始意識到華文作為世界語言的重要性。近來印尼政府與台灣政府的關係越來越緊密，計畫進行不少文化、教育的合

作交流，通過兩國的友好關係，提供了印尼教師赴台參加師資培訓班的機會。最後，期許印尼教育部與台灣教育單位能夠舉辦相關研討會，以討論有關雙方合作建立在印尼國內成立華文師資培訓中心。

以上三點建議方案若能落實，定能減輕印尼華文缺乏的師資壓力。

四、結論

目前印尼華文師資問題多出現於兩大方面：華文能力與教學方法。兩者皆需加強，是改善印尼華文師資的關鍵點。在華文能力上頭，創造國內的華文環境是有效的解決對策，因為外語學習須具備語言環境的條件，再者印尼的科技發展日新月異，對於印尼華文學習者帶來更多便利的華文學習管道。至於改善師資的教學法，可鼓勵印尼華文教師參加國內及國外舉辦的師資培訓班，是現階段極為重要且具有迫切性的可行對策。最後，也需要印尼教育部支持開設印尼國內華文師資培訓中心，以提供給開設華文課的學校足夠的華文師資。藉由以上方案，應可克服現今印尼華文師資培養的困境。

參考文獻

宋如瑜（2005），《實踐導向的華語文教育研究》，台北市：秀威資訊科技。

周憲明（1997），〈印尼地區華文教育現況與挑戰〉，收錄於《第五屆世界華語文教學研討會論文集華文學校教學組》，台北：世界華語文教育學會。

莊尚花（2004），《針對印尼學生初級華語聽力教學之規劃設計》，國立師範大學華語文研究所碩士論文。

蔡雅薰（2005），〈深植創意創新創業的印尼華語研習教育〉，收錄於中原大學《研習資訊》第23卷，第2期。

融入對比分析與台灣特色的
印尼華語教學課程設計

徐富美

元智大學

摘要

　　面對當前華語熱的需求以及中國大陸的競爭壓力，台灣的華語教學應該要有自己的特色。

　　在印尼推廣華語教學，課程設計上不妨結合台灣方言的資源，以及印尼當地的語言特色，設計多套音位對比教學練習。我們可以嘗試運用「跑百米，練百三」原則，看似增加負擔、其實是釐清分別，然後檢測是否有其教學成效。

　　除此之外，用音樂旋律學習華語聲調、結合複合構詞和詞組結構、形容詞和副詞位於中心語前後的對比、「科技書法」教學系統的開發，以及對國語注音符號的堅持等，試圖塑造出台灣特有的華語教學特色。

關鍵詞：台灣、印尼、華語教學、對比分析、正體字、注音符號

一、前言

最近全球掀起了一股華語熱，有一大半的原因可能要歸功於中國大陸的商機看好。台灣推廣華語教育歷史悠久，雖然並不是因為華語熱才如火如荼推動，卻可以藉著這股華語熱而更上一層樓。

無論我們如何強調台灣是目前世界上維護正體字的少數地區，面對來自中國大陸的競爭壓力仍然存在。在印尼推廣華語教育，勢必會碰上與台灣華語教育相彷彿卻同中有別的大陸系統。各行其道既然不可能，知己知彼則成為必要的功課。

面對中國大陸的強大競爭壓力，我們當然可以學習大陸的經驗，但是不應該什麼事都跟著大陸跑。無論是在教材、課程、教學方法，甚至教學目標上，台灣的華語教學應該有自己的特色。只有這樣，我們才會有競爭力，也才可以和中國大陸有良性的互動。

那麼，在華語教學的課程設計上，我們的特色在哪裡？本文嘗試為印尼的華語教學，提供幾點淺見。

本文從兩方面來看印尼的華語教學問題。一方面是台灣的資源，我們可以運用台灣方言底層的影響，提升華語教師對語言的「語言後設能力（metalinguistic awareness）」，化干擾為優勢。另一方面則是瞭解印尼語言的特色，設計較良好的課程內容。

本文除了參考目前台灣所可以看到的極少數資料之外，也訪談了兩位印尼新娘（房愛莉、戴麗香），以及兩位印尼學生（湯麗霞、蔣薇薇），作為課程規劃的參考：

房愛莉：1968 出生，在印尼講一點點華語，來台約 5 年，目前住桃園。

戴麗香：1969 出生，在印尼不講華語，來台約 4 年，目前住台北。

湯麗霞：1980 出生，在印尼不講華語，來台約 1 年多，目前住台北。

蔣薇薇：1979 出生，在印尼不講華語，來台約 1 年多，目前住台北。

其中後面三位（麗香、麗霞、薇薇）住在台北，都曾到師大國語中心上課。

二、印華對比分析

首先，我們先從華語和印尼語的差異入手。

（一）語文概況

華語和印尼語的差異，我們列成一個簡要的表。如表一：

表一：印尼語與華語的「語文概況」比較

	印尼語	華語
音韻	非聲調語言	聲調語言
構詞	詞綴多	複合詞多
句法	修飾語在後	修飾語在前
文字	拼音文字	意象文字

印尼語屬於南島語系的馬玻語族，其特點有：文字是用英文的 26 個字母來拼音。聲韻上屬於非聲調語言，以重音區別。在構詞方面，有比較多的詞綴，如 se-、me-、di-、ber-、memper-、pe-an、 ke-an、ter-、para 等。句法上則是作修飾語的定語和狀語位於中心語的後面，如例 1.和例 2.：

1. Sepeda　　baru　itu　　sepeda　　saya.

　自行車　　**新　那**　自行車　**我的**

　「那輛新的自行車是我的自行車。」

2. Haryono　　menjual　sayur　　di　　pasar.

　哈爾約諾　　賣　　菜　<u>marker</u>　**市場**

　「哈爾約諾在市場賣菜。」

華語則是聲調語言，有四聲以辨義。構詞則主要是以複合詞為大部分，其內部結構又可以區分為主謂結構、述賓結構、述補結構、並列結構、偏正結構等。其修飾語在中心語的前面。文字則是很具意象和表意的意象文字。

（二）輔音表[1]

接著，我們比較華語和印尼語的輔音和母音。

---

[1]　本論文採用國際音標（IPA）標示法，以下皆同。

表二：印尼語與華語的「輔音」比較

		塞音 清 不送氣	塞音 清 送氣	塞音 濁	塞擦音 清 不送氣	塞擦音 清 送氣	塞擦音 濁	擦音 清	擦音 濁	鼻音	邊音	顫音
印尼語	唇音	p [p]		b [b]				f [f]	v [v]	m [m]		
	舌尖音	t [t]		d [d]	c [ts]		j [dz]	s [s]	z [z]	n [n]	l [l]	r [r]
	捲舌音											
	舌尖面音							sy [a]				
	舌面音									ny [S]		
	舌根音	k [k]		g [g]				kh [x]		ng [q]		
	喉音							h [h]				
華語	唇音	ㄅ [p]	ㄆ [p']					ㄈ [f]		ㄇ [m]		
	舌尖音	ㄉ [t]	ㄊ [t']		ㄗ [ts]	ㄘ [K]		ㄙ [s]		ㄋ [n]	ㄌ [l]	
	捲舌音				ㄓ [h]	ㄔ [K]		ㄕ [k]	ㄖ [l]			
	舌尖面音											
	舌面音				ㄐ [T]	ㄑ [U]		ㄒ [W]				
	舌根音	ㄍ [k]	ㄎ [k']					ㄏ [x]				
	喉音											

（三）母音表

表三：印尼語與華語的「母音」比較

印尼語		華語	
1	-	ï 1 ： (一) (山)	- (ㄨ)
&		& (ㄝ)	7 5 (さ) (ㆆ)
	W	Ə(ㄦ)	
	O		
	a		a(ㄚ)

（四）音節結構與類型[2]

表四：印尼語與華語的「音節結構」比較

印尼語				華語			
C ↓ 基 本 輔 音	(M) ↓ — 要 元 音	V ↓ 主 — 元 音	({ Ev / E }) Ev／E t、s、r q r	(C) ↓ 基 本 輔 音	(M) ↓ I u y 元 音	V ↓ 主 要 元 音	({ Ev / E }) Ev／E I n u q

---

2　其中「C」表示子音（consonant）；「V」表示母音（vowel）；「M」表示介音（medial），為具母音性質的介音；「E」表示韻尾（ending）；「Ev」為具母音性質的韻尾。括號「（ ）」表示可以不出現這個音（optional）；大括號「{ }」表示選擇其中一個；箭頭「／＼」表示選擇方向，是母音韻尾或是子音韻尾。

表五：印尼語與華語的「音節類型」比較

印尼語			華語			
	V			V		
C	V		C	V		
C	M	V	C	M	V	
	V	E		V	E	
C	V	E	C	V	E	
C	M	E	C	M	E	
	V	Ev		V	Ev	
C	V	Ev	C	V	Ev	
			C	M	V	Ev

三、語言教學的策略

（一）以國語注音符號為主，以漢語拼音、馬來文為輔

　　台灣華語的音韻教學是以國語注音符號為主[3]；大陸則是漢語拼音系統。印尼的馬來文是以英文的 26 個字母為基礎，屬於拼音系統。根據這四位印尼新娘和印尼學生的看法，無論她們學的是注音系統，或是拼音系統，都覺得漢語拼音系統比較容易掌握。這應該是因為漢語拼音與他們的馬來文比較相近，感到比較熟悉和習慣之故。

---

[3] 以師大國語中心的教材為例，主要以注音符號教學，但同時也標注了漢語拼音。

但是其中也有兩位認為，雖然漢語拼音比較容易接受，但是用國語注音符號來學習會比較正確。這也許正因為注音符號不像漢語拼音之與馬來文相像，他們重新認識另一種全新的符號系統，反而撇掉了更多馬來語的影響。例如，漢語拼音用「b」來拼「ㄅ」，用「p」來拼「ㄆ」。ㄅ和ㄆ都是清音，其差別是一送氣一不送氣。如果光用漢語拼音，印尼人往往不經意的會用他們馬來文的 b 和 p 一濁一清來對應，這樣反而構成了障礙。反之，如果是學習注音符號，他們會盡量注意注音符號所代表語音的正確性。因此，注音符號不但不會是障礙，反而是另一種利器。

如果這些受訪者的看法具有代表性的話，我們主要以國語注音符號為主，再加上漢語拼音的輔助，應該可以得到更大的效益。

如果我們再加上以印尼語為輔助的話，又可以矯正漢語拼音的不足，例如，印尼的「p」是不送氣，而漢語拼音的「p」是送氣。我們可以設計像下面這樣的語音教學：

ㄅ音是 p 不是 b，ㄆ音是 p 加上氣（作吹氣狀）。

ㄉ音是 t 不是 d，ㄊ音是 t 加上氣（作吹氣狀）。

ㄍ音是 k 不是 g，ㄎ音是 k 加上氣（作吹氣狀）。

ㄗ音是 c 不是 j，ㄘ音是 c 加上氣（作吹氣狀）。

（二）加強聲調教學

華語是聲調語言。聲調語言的特性，是聲調頻率高低升降的不同，具有辨義作用；而印尼語是非聲調語言。這些受訪者說，要學習華語的聲調時，往往需要花比較多的注意力。她們本人，以及兩位印尼新娘的先生都反映，她們講話不注意的時候往往發錯聲調。

其實，聲調的掌握，不只對非聲調語言的人來說，具有比較大的困難度；對同樣是聲調語言的人來說，也同樣會是困難。本人曾經讓元智中語系的學生學習台灣的閩南語聲調和客家話聲調，這些學生當然對於華語聲調已經非常熟悉，但是讓他們試著判斷台灣閩南語聲調或是客家話聲調時，也同樣感到困惑。

我們加強華語的聲調教學，不一定非馬上講華語的四聲不可，可以先從取材於音樂概念開始。聲調語言與音樂的「旋律」相關，而非聲調語言則與音樂的「節奏」相關；換句話說，華語與音樂的頻率高低相關，而印尼語則與音樂的力度強弱相關。

如果把音樂的旋律和節奏，結合聲調語言和非聲調語言的話，可以表列如下：

旋律	節奏	語言
＋	－	聲調語言
－	＋	非聲調語言

本人曾經請人用吉他彈聲調，做變化的對比，然後讓學生判斷，學生似乎比較能夠從純音感上去體會，而不覺得是陌生的語音。很可惜，當初並沒有設計對照組，因此無法作客觀的統計分析。不過，徐富美（2003a）曾經針對台灣客語語言態度做問卷分析，問卷內容是問受訪者他們認為台灣的四縣客語或是海陸客語兩種次方言，哪一種聽起來比較柔軟。根據問卷結果顯示，非客語人士他們根本聽不懂客語，無法判斷哪一種聽起來比較柔軟，因此其問卷多半填「不知道」。但是當 Hsu（2004）把這些語音的聲母和韻

母抽掉，只留下呈現聲調和語調的「哼音」問卷時[4]，這些非客語人士都有了明顯的反應；他們不再認為是「不知道」，而是很能判斷其中的語音感受。

我們且不論其感受為何，也不論這樣的客語語言態度的問卷是否能完全移植到印尼的華語教學上，但是我們可以從其中得到一個借鏡。那就是，只純粹「聽音」，一開始先不涉及他們認為陌生的語言，這樣似乎可以破除一般人們心中的心理障礙，而展開「破冰之旅」。

（三）加強音位對比教學

因為印尼語和華語的語音系統不同，加強音位的對比教學，將有助於華語的學習。

1. 以「清不送氣音」「清送氣音」「濁音」的三套對比來教學

印尼語有清濁對立，例如，「p」與「b」，「t」與「d」，但是清音沒有送氣與不送氣的對立。而華語則有清音送氣與不送氣的對立，而沒有清濁對立[5]，例如，「p」與「p'」，「t」與「t'」。

---

[4] 徐富美曾經在雲南做過兩次藏緬語的田野調查，一次是獨龍語，一次是納西語。為了不讓受訪人對台灣的相關語言或方言作聯想，在作問卷說明的時候，就把所錄製的客語哼音，故意說成是徐富美在雲南對當地少數民族語言所做的錄音。他們並不知道客家話有所謂四縣客語和海陸客語，也不會說客家話，也聽不懂。做完問卷之後，我們詢問受訪者，知不知道那是客語的哼音。雖然有少數幾個閩南人，一聽就覺得好像是客家話，也猜想那種「調子」可能是客語，但是大部分的受訪者表示，並不知道那是客語哼音的錄音。

[5] 這裡是以大體來說，撇開像「ㄕ」「ㄖ」清濁對立的少數例外。

　　台灣華語教師會教送不送氣的對立，但不一定會教到清濁對立。我們建議華語教師同時結合印尼語的清濁對立，以及華語的送氣不送氣對立，以三套對立語音來教學。台灣閩南語就有「p」「p'」「b」三套的對立，我們可以援加區別。如：

　　ㄅ　　ㄆ　　b

　　ㄉ　　ㄊ　　d

　　ㄍ　　ㄎ　　g

　　本人曾經讓元智中語系的學生學習這三套的對比聽音。有許多同學先前只會講所謂的「國語」，測試了他們所講的英語，也往往把「b」的音發成了「p」，換句話說，他們的母語系統當中因為沒有濁音「b」，於是就用系統中的清不送氣音代替。後來經過這三個音位的對比發音和練習，大部分的同學在聽音和發音上都得到改善。

2. 以「dz」「z」「l」三套對比來教學

　　華語的濁音不多，除掉鼻音、邊音等次濁音之外，只有一個捲舌濁擦音「l」；而印尼語則有「dz」「z」的對立。我們建議結合華語和印尼語的語音，以「dz」「z」「l」三套對立來教學。

　　首先，「z」「l」的差異並不難區別，台灣國語裡面就常常把「l（ㄖ）」發成「z」。再者，是「dz」「z」的差別，「dz」「z」這兩個音既然對印尼人不構成問題，台灣華語教師反而要多注意。一個是塞擦音，先塞後擦；一個是擦音。我們建議這三個音位一起教，例如，我們可以用「過馬路（紅燈停，綠燈行）」的意象來教學：

　　先紅燈後綠燈是「dz」；

　　一路綠燈是「z」；

　　邊走邊抬頭是「l」。

3. 以「h」「x」對比來教學

印尼語有「h」「x」的對立；而華語沒有這兩個音的對立，只有「x」；台灣閩南語也沒有這兩個音的對立，只有「h」。在台灣，以閩南語為母語的人，大部分不自覺的會以母語的「h」來發華語的「x」。我們建議同時以「h」「x」這兩個音位對比來教學。

4. 以捲舌和不捲舌音的對比來教學

這個部分同時也是台灣人們學習華語時的一個難點。歷來教學都會注意這個部分，在此不再贅述。

5. 以「a」「W」對比來教學

印尼語有「a」，而華語有「W」，這兩個音相近，印尼人在學習華語時容易以「a」發「W」。我們建議以「a」「W」對比來教學。

「a」「W」這兩個音都是顎面音，但「a」是舌尖面音，「W」是舌面音。發「a」時口型較圓，像小便「噓」聲；發「W」時口型較扁，像寬嘴鳥。

（四）加強詞組結構和複合詞內部結構的對比練習

印尼語構詞用比較多的詞綴構詞。華語大部分用複合構詞，華語的複合詞其內部結構又有主謂、述賓、述補、並列、偏正等幾種類型。華語句子的詞組結構也是有主謂、述賓、述補、並列、偏正等幾個類型，這些類型和複合詞的內部結構相平行。加強華語複合詞內部結構類型的練習，不但可以增加對華語詞彙的敏感度和掌握能力，更因為華語複合詞的內部結構和華語句子的詞組結構是相平行的，因此加強華語複合詞的內部結構練習，可以和句法結構的學習配合，達到相輔相成效果。

（五）加強形容詞、副詞位於中心語前面及後面的對比練習

印尼語的修飾語在中心語的後面，這一點與華語的修飾語在中心語的前面剛好相反，需要特別練習。華語的形容詞和副詞當修飾語，在中心語的前面時，屬於偏正結構；在中心語的後面時，則往往變成了主謂結構或述補結構。如：

可愛女孩／女孩**可愛**

他**認真**求學／他求學**認真**

他**很**好／他好得**很**

加強形容詞和副詞位於中心語前面及後面的對比練習，將有助於學習華語的詞組和句子結構。

（六）設計「科技書法」教學系統

台灣華語教學的另一個強項是繁體字，繁體字具有較高的藝術性；但是文字的高藝術性，未必同時具有生活溝通的便利性。外國現在一般學華語的人，大概都認為簡體字的筆畫比較簡單，要比繁體字方便、容易掌握。我們既要保有我們的強項，又要考量現實利益的便利，加上要責求現代華語教師，能夠寫得一手書法好字，恐怕有諸多困難。

現在的學生由於有大量的電視、資訊、網路等大眾傳播媒體的來源，其學習似乎有「視覺化」的傾向。本文所謂的「視覺化」，是說以圖片或影像代替純抽象思考；以「虛擬實境」代替純口頭述說[6]。如果說工業革命是十八世紀一個重要革命的話，那麼二十世

---

[6] 例如，我們在電視上常常可以看到彷彿回到犯案現場的虛擬情節；或者是介紹古文明時，虛擬當時景況的畫面。

紀的資訊革命，同樣也改變了人們的現代生活和思考方式。據本人未經統計的粗略瞭解，現代有許多作家是直接用電腦寫稿；如果離開了電腦，已經不太會用筆寫文章了。學生交作業已經習慣了用電腦打字；如果考試是用手寫申論題，則同音錯別字，或是寫不出字的比例要大大增加。這種情形只會越來越普遍，到時候寫繁體字或簡體字也許不再那麼具排他性，剩下的只是視覺認字的問題，只是電腦選擇鍵的問題。

資訊科技既然已經進入我們的生活，不管現階段印尼人們在學習教育中運用資訊的比重有多少，我們應當有先見之明，好好利用這個工具為繁體字做些貢獻。運用資訊科技設計良好的教學輔助教材需要不短的時間，我們先嘗試開發一套用電腦來寫書法字的教學系統，等假以時日、時機成熟，就可以派上用場。這個教學系統，除了有書法的筆畫形狀、書寫筆順之外，還可以像現代大眾傳播媒體的「虛擬實境」一樣，其中有許多具有意象的情節情境繪圖，還有中間的演變過程，最後轉化為線條的立體效果。運用現代科技的輔助，不但能夠符合資訊潮流，開發視覺記憶的學習，也可以藉此欣賞繁體字的藝術之美。

四、結語

「他山之石，可以攻錯」，面對中國大陸的競爭壓力，可以讓台灣的華語教學獲取更大的開發動力和精益求精的成效。

我們不用怕台灣的底層方言會影響印尼華語的教學訓練。印尼華人大多來自中國大陸的南方省份，如福建、廣東等；台灣早期華人的移民，也是來自福建、廣東這些大陸原鄉。台灣華人和印尼華

人所說的閩南語和客語等，在語言上有若干的相似性，在華語教學上同樣也帶來了方便性。運用台灣既有的方言資源，結合當地印尼語的語言特徵，更能使人區別其中差異。訓練台灣的華語教師時，不妨以涵蓋這些語言或方言的語音對立為訓練重點。知己知彼、百戰百勝，除了華語之外，也可以參考台灣的方言或是印尼當地語言。

　　我們如果要參加一百公尺賽跑的話，在平常練習的時候，就不應當只跑一百公尺，應該要多跑幾十公尺，以防賽跑時因為緊張等因素而讓跑步打了折扣。本文且稱之為「跑百米，練百三」原則。台灣的華語教學不妨也可以運用「跑百米，練百三」原則，在華語既有的音位之上，增加運用方言或當地語言的特色，多給區別對比練習。不要怕這樣會增加學生的負擔，這反而是讓學生因為認識了這麼多的不同，而不至產生混淆。

參考書目

Hsu, Fu-mei. (2004) *Tonal Influence on Speakers' Attitudes towards Hakka sub-dialects in Taiwan*, The 37th International Conference on Sino-Tibetan Languages and Linguistics, Sweden :Lund University.

徐富美（2003a），〈桃竹苗地區客語次方言語言態度的研究〉，收錄於《台灣語文研究》，第 1 卷，第一期，頁 91-108。

徐富美（2003b），〈閩、客語語言聲調與旋律曲調的諧和原則──鄉土教育中語言與音樂的連結〉，中文領域的課程設計與實際研討會會議論文，新竹：明新科技大學。

梁廷基著（2002），《實用印尼馬來文讀本》，台北：書林出版有限公司。

梁廷基著（2002），《實用印尼馬來語入門》，台北：書林出版有限公司。

梁敏和編著（2000），《簡單易學印尼語三百句》，台北：三思堂文化事業有限公司。

印尼華文教育的反思
——以教師素質為中心的探討

宋如瑜

中原大學

摘要

印尼華文教育自 1965 迄今，歷經了大起大落的過程，如今正逐步復甦。而此時教師的良莠，正是華教發展的成敗關鍵，因此本文將以師資素質為中心，對印尼未來的華教推廣做一探討。首先，我們針對教師的組成進行了宏觀分析，得知目前印尼教師存在著年齡結構失衡、性別結構失衡、專業知識欠缺、專兼結構失衡等不利因素。其次，再針對印尼教師的專業素質進行微觀分析，經由語文能力測試、發音練習、心得書寫、模擬教學等項目，得知印尼教師普遍的專業弱點在聽讀能力、口語表達、詞彙和語法、漢字書寫、第二語言教學法等部分。最後根據分析，提出反思與建議：建議一，未來的印尼師資培訓應根據學員的背景、教學需求區分為三個層次，施以不同形式、內容、時數的培訓。第一層為廣結善緣的海外巡迴教學；第二層為樹立品牌的教師回國研習；第三層是儲備骨幹教師的學歷教育。其二，設置類似「海外華文教師進修學院」的機構，籌組專業的教學研發團隊，長期觀察各地區的教學實況，發展相應的教學策略，進而規劃出有系統的培訓體系。教育的推進，需要大量專業知識的積累，唯有在學理上紮根，才能有效提升教師培訓的質量。

關鍵詞：師資培訓、印尼華文教育

一、導言

　　印尼是個人口大國，其中華人佔七百萬，也是華人人口最多的海外地區。由於華人移民早、人數多，印尼華教也發展得很早，始於 1729 年（郁漢良，1998），但在上個世紀的後五十年裡，由於政治的更迭，印尼華教經歷了大起、大落、復甦的過程。

　　1965 年的「9.30 事件」使得華文學校被封，學校領導人被抓或受迫害，華文學校的校舍和資產被接管和沒收。到了 1966 年 5 月，629 間華文學校全被封閉，學生 27 萬兩千餘人失學。華文學校和華人受華文教育的歷史暫告終結（溫北炎，2001）。此一措施，雖讓正式的華文學習管道在一夕之間消失了，但是地下的華文教育卻化身為零星非法的補習業持續進行，印尼的華文教育就在沒有語言環境、缺乏教學資源的情況下延續了三十多年。

　　1999 年 10 月 21 日，民選的瓦希德政府執政，對華人政策進行了大幅度調整，改行民族平等和多元化政策，允許在校學生選修華文，民間可以開辦華文學校（福建僑聯網，2002）。2001 年 2 月，印尼貿易和工業部長頒布第 62 號令，撤銷 1978 年商業部長頒布的關於禁止進口華文讀物的決定；2001 年 8 月印尼教育部正式頒布決定書，允許開辦華文學校和其他外語學校，大學可以開辦華文系，不再受任何限制，至此，華文與英文、日文享有同等的地位（黃昆章，2002）。

　　進入 21 世紀，因著眼於國際市場的競爭，印尼政府對華文教育的政策越來越寬鬆，在可見的未來，印尼的華文教育將會蓬勃發展。然而在長年的禁錮之下，印尼新一代華裔的華文程度和其他東南亞地區有何差別？從「僑生華語文能力測驗」的結果（柯華葳等，

2004）得知，在返台僑生最多的四個地區中，印尼僑生的華文程度是最低的，遠遠落後於教學軟、硬體都不足的緬甸。

僑生標準測驗成績

	印尼	緬甸	馬來西亞	港澳	小五
聽力	**32-34**	52-56	68-80	60-62	**56-62**
詞彙	**30-32**	66	76-86	80-86	**62-66**
閱讀	**30-34**	56-66	76	74-80	**54-60**
總分	**92-100**	174-188	220-242	214-228	**172-188**

為深入瞭解印尼華文教育發展，也為了提高教師培訓的質量，本文嘗試以教師素質為中心，進行各個面向的探討，並輔以大陸、臺灣兩地實務工作者的研究結果，盼能對行之多年的印尼華教師資培訓提出結構性的反思。

二、印尼華文師資的宏觀分析

在華文教育研究上，印尼是塊新領域，不僅如此，也是個變動急速的板塊。以下的宏觀分析是以大陸暨南大學蔡賢榜教授（2006）最新的研究為基礎，該研究以問卷方式進行，研究對象是參加華文專業函授教育的 321 名教師，這些教師分別來自印尼七個省區的大、中、小城市，結果顯示目前印尼的華文教師，在年齡、性別、學歷、就業屬性等方面，都存在嚴重的結構性問題。

（一）年齡結構失衡

印尼現職的華文教師有高齡化的傾向。教師的年齡層約可劃分為三，即青年教師、中年教師和老年教師。

青年教師，指 1966 年政府禁華文後出生的教師，由於缺乏語言環境，華文僅是其第二語言，而非母語。這些教師的年齡約在 37 歲以下，是華文教學的新生力量，也是未來華文教育的承繼者，但其人數還不及教師總人數的 10%。

中年教師，指年齡在 38 到 55 歲之間的教師，他們是原華校的初中畢業生，也是目前印尼華文教學的中堅，這些教師有豐富的教學經驗，但是中文的教育水平多在初中以下。

老年教師，指年齡在 55 歲以上的教師，他們是老華校的高中或大專畢業生，中文教育水平與中文母語地區的小學教師接近，不僅口語流利，書面語表達能力亦佳，這些教師長期在民間的補習班從事教學，是目前華文教學的主體，佔教師總人數的 50%以上，也是三類教師中人數最多的。

此教師年齡結構的隱憂是，未來傳承華文教育的精英人數太少，恐難應付日益擴大的市場需求，此外，青壯年教師因缺乏學習資源，聽、說、讀、寫的語文溝通能力普遍不足，易成為教學上的障礙。

（二）性別結構失衡

在華語教學界，由於教師待遇不高、工作沒有保障，男性教師因背負著傳統養家的責任，很少能長期堅持華教工作，這使得男女

教師的比例嚴重失衡。印尼也是如此，我們根據蔡賢榜教授的調查
製表如下：

類別	年齡	男	女
老年教師	56 歲以上	47.9%	52.8%
中年教師	38～55 歲	30.1%	69.9%
青年教師	37 歲以下	15.4%	84.6%
總計		28.5%	71.5%

　　目前印尼各種形式的華文教學，均以女性教師為主，男性教師
為輔，年齡越輕，男教師的比例也越低。

（三）專業知識欠缺

　　一般而言，華語教師需具備三種基本能力，一是百科知識，即
基礎學歷教育的知識，二是語文專業知識，即對華語語音、語法、
詞彙、漢字、文化等的瞭解。三是教學操作知識，即第二語言教學
的學習心理、教學法、測驗評量、課程設計等能力。

　　就百科知識的學歷教育而言，華文教師的教育程度一般偏低且
參差不齊，又常與年齡成反比。在蔡賢榜的調查中，高中畢業的教
師佔 55.5％，相當於高中程度的教師佔 24.8％，具大專以上程度的
僅佔 19.7％。而多數的中、老年教師僅有高中或相當於高中程度的
學歷，青年教師的學歷則相對較高。

　　其次是語文專業知識。多數的教師對華語的語言、文化有強烈
的學習動機，但由於政治因素，無法獲得相應的資源與環境，多年
來已形成教學知識的缺陷。部分老年教師從沒學過語法學、語音

學；而年輕華文教師雖有較高的學歷，然如前所述，其華語讀寫能力不高，特別是各種文體的寫作，實難和年長的教師相比。

再就教學能力觀之，受過師範教育的教師僅佔五分之一，教學法、教育心理知識不足，自然會影響教學，例如在印尼絕大多數的教師，缺乏以華語作為第二語言教學的知識，仍以第一語言的教學法教孩子中文，學習過程中強調漢字的書寫，輕忽口語能力的培養，使得學習者在學習多年後，仍不能開口，而強調漢字書寫的教學方式，易使初學者或幼兒產生挫折，甚至半途而廢。欲改善此現象，教師不僅需在基礎的學歷教育上加強，還應吸收與第二語言教學相關的知識。

（四）專兼結構失衡

根據 2001 年大陸廣東漢語專家團赴印尼為華文師資作巡迴培訓期間的統計，當時參加培訓的 1600 多名華文教師中，家庭教師佔 30％，華文補習班的教師佔 45％，私立大中小學中兼職佔 24％，公立大中小學中任教，僅占 0.5％，以其他形式從事華文教學的佔 0.5％。可知，目前印尼華文教師主要從事基礎教學，且多是家教和補習班的教師，在正規教育體系下任教的極少。

三、印尼華文師資的微觀分析

印尼開放華文以來，學者屢屢提及華文師資的質、量偏低的問題，其著眼點多在語文基礎與教學技能兩方面，然而多年來卻少有可資參考的數據。因此，2005 年中原大學在舉辦師資培訓的同時，進行了相關的調查，盼能以此做為設計未來培訓課程的參考。本調

查包括「華語文能力測驗」、發音調查、模擬教學、開放式問卷以及心得書寫等，其目的是要為目前印尼華語教師的專業素質，如聽、說、讀、寫以及第二語言教學能力，描繪出一具體的輪廓。

（一）華語文聽讀能力

為了瞭解印尼教師的華文聽與讀的能力，培訓中由陳亮光、宋如瑜為 76 位教師進行了「華語文能力測驗（僑生版）」[1]，測驗內容包括詞彙、聽力、閱讀三大類。

在印尼教師完成測驗後，我們以臺灣小五到高二學生的同一測驗成績做為參照標準（見附錄一）。結果顯示：華文不到小五程度的印尼教師有 53 名，相當於小五～小六的教師有 1 名，相當於小六的有 5 名，亦即有 77.63%的印尼教師，其華文程度相當於國內的小學生。華文程度在小六到國一之間的有 3 名，國一的有 2 名，國二的有 1 名，國三的有 7 名，統計的結果有 17.10%的印尼教師其華文僅有國中程度。華文程度相當於高一到高二之間的有一名，高二以上的有 3 名，佔全部教師的 5.26%（見附錄二）。

倘若此次的抽樣能代表印尼教師普遍情況的話，我們則可推估，目前印尼華文教師的華語聽讀能力有一半以上不及臺灣的小五學生。以平均分數來看，詞彙題 59.24 分、聽力 61.77 分，閱讀 54.29 分，總計 175.29 分，根據常模的比對，恰符合國內小五學生測試的結果，在 172～188 分之間，也就是說，目前印尼華文教師的華文平均水平相當臺灣的小五學生。我們回顧前述印尼僑生華語文能

---

[1] 本測驗由教育部僑民教育委員會委託世界華語文教育學會研發，由柯華葳、宋如瑜、張郁雯負責編製，於二〇〇四年開始正式使用。

力測驗的結果 92〜100 分，可得到以下的結論：在孤絕的學習環境中，學生的語文發展直接受限於教師本身的語文程度，而教師語文能力的極限也就成了學生語文發展的頂點。

（二）口語能力

印尼華文教師，多能以華語進行日常溝通，較明顯的語言表現是其多帶有口音。為此在培訓中，我們請應華系的同學跟教師進行一對二、一對三的發音練習，總結出教師的發音、聲調多有以下規律性的偏誤：

1. 無聲調或聲調不準，偏誤率最高的是第三聲，此與倪偉曼、林明賢（2000）的研究結果一致。其次是第二聲，三聲、二聲連讀最需要加強練習。印尼語為無聲調語言，聲調問題應是受了印尼語的影響。

2. 華語的送氣音ㄆ（p）、ㄊ（t）、ㄎ（k）也是容易發生偏誤之處，華語中的ㄅ（b）/ㄆ（p）、ㄉ（d）/ㄊ（t）、ㄍ（g）/ㄎ（k）都是清塞音，兩組的區別僅是送氣與否，而在印語中的ㄅ（b）、ㄉ（d）、ㄍ（g）則是清音與濁音的對立，因此容易以不送氣的ㄅ（b）、ㄉ（d）、ㄍ（g）代替送氣的ㄆ（p）、ㄊ（t）、ㄎ（k）。常見的錯誤如：將「逃跑」說成「島飽」。

3. 舌尖後音少見。南方華語中，說話者經常將舌尖後音發成舌尖前音與舌尖後音之間的一組兼音，且在自然談話時舌尖前音幾乎已經沒有了。印尼教師亦多將舌尖後音，發成ㄓ（zh）、ㄔ（ch）、ㄕ（sh）與ㄗ（z）、ㄘ（c）、ㄙ（s）之間的一組平舌音。

4. 將韻母中的撮口呼ㄩ（ü），發成齊齒呼（i），如：「學生」發成「諧聲」、「出去」發成「出氣」。而印語中原本就沒有ㄩ（ü）這個元音。

5. 以前鼻音ㄣ（en）代替後鼻音ㄥ（eng），如：「明天」發成「民天」。此情況在台灣國語中亦普遍。

6. 混用聲隨韻母ㄢ（an）、ㄤ（ang），其混用的原因是來自南方方言，然而這些音在印語中均需清晰分辨。如：「嚐嚐」發成「纏纏」。

7. ㄋ（n）、ㄌ（l）、ㄖ（r）混淆。舌尖鼻音ㄋ（n）常與邊音ㄌ（l）混用，且是雙向混用，如將舌尖鼻音發成邊音，反之亦然。而此兩者都會與舌尖後濁音ㄖ（r）相混，「然後」的然（ㄖㄢ）有人說成「男」（ㄋㄢ），也有人說成「藍」（ㄌㄢ）。

8. 把ㄨㄛ（uo）發成ㄡ（ou），是發音時口形由小變大或是由大變小的問題，這與臺灣國語中常見的用「偶」（ㄡ）代替「我」（ㄨㄛ）的發音習慣一致。

9. 無「兒化韻」。

印尼學習者的華語語音偏誤，一方面來自印語與華語的差異，另一方面則來自南方方言的影響。印尼華人多數是閩、粵兩省的移民，其中又以說福建閩南話（當地稱為福建話）的最多，其次是說客家話的粵東、閩西的移民（高然，1999）。在印尼華人社會中，閩南話是長時間在廣大地區通用的方言。因此，類似臺灣國語的發音現象，也清楚地呈現在印尼華人的語言中。

（三）漢字書寫能力

　　由於兩岸字體不統一，為教師、學習者平添了困擾。在歐美或可要求教師讀寫正、簡兩種字體，但這對平均語文水平偏低的印尼教師而言，著實有些困難。數十年來印尼華教的發展，離不開外交上親台、親共因素的影響，因此在教師手寫的文章中，也不乏正、簡字體混用的情況，目前尚難斷言這是否是由全正體字到正簡混用再到全簡體字的一個發展階段，然而此種書寫習慣並不限於印尼，在海外其他地區也相當普遍。此外，需特別說明的是，採正簡字混用書寫與教師的中文程度並無直接關係，使用簡體多是為了書寫方便。另一個漢字書寫的問題是錯別字偏多，有以同音近音字替代、形近字替代兩類，這些錯誤在母語者的書寫中也常出現。

1. 正簡字體混用
   a. 參加了<u>两</u>（兩）個星期的培訓、增<u>广</u>（廣）見識，更上一層樓。
   b. 電腦<u>网</u>（網）路不斷發展。
   c. 把老師傳授給我們的知識帶回印尼，<u>应</u>（應）用到實<u>际</u>（際）工作中。

2. 錯別字
   (1) 同音、近音字替代
       a. 體<u>味</u>（會）到漢字的構造和演變。
       b. 需要不斷溫<u>古</u>（故）知新，否則會落伍。
       c. 我體會到一<u>見</u>（件）事。
       d. 大力推行華<u>廈</u>（夏）文化
       e. <u>让</u>（讓）我知道漢字的來<u>原</u>（源）。

　　f 請各位多多包函（涵）。

(2) 以形近字替代

　　a 我己（已）學了很多教學枝（技）巧。

　　b 參加培順（訓）。

　　c 部件組合：列（例）上下難分→卡。

　　d 培養中華民旅（族）傳統的美德。

　　e 我感到非常容（榮）<u>圶</u>（幸）。

　　f 真是不狂（枉）此行。

（四）語法與詞彙

　　在教師書寫的心得中，我們發現了一些語法與詞彙的偏誤，然其偏誤又比一般的第二語言學習者複雜，成因尚須仔細分析。我們將此次語料中較明顯的錯誤，分為以下幾類，有的語誤來自印語的干擾，如語序；有的則是受了方言影響，如「臉桶」、「補導」，其中亦兼有創造性的誤用如「畢班」等。

1. 詞語搭配不當

　　a 僑委會為我們海外華僑付出不少的貢獻（心力）。

　　b 瞭解國家要消費（花費）多少的經費來補（輔）導我們。

　　c 中原大學的教師們、助教們都是很關心的（熱心地）幫助我們。

2. 詞彙誤用

　　a 真是感到萬般不捨啊！永遠記憶（難忘）。

　　b 各個教授他們雖然擁有博大精神（精深）的知識，卻謙虛謹慎。

c 希望這種交流**永恆不休**（永不停止）。

d 還有，連**臉桶**（盆）、**刷牙**（牙刷）、牙膏等都預備好了。

e 希望我回到僑居地之後，可以**教導**（教）華語和中華文化。

3. 語序錯誤

a 為什麼和往年不同？**是否**（Ø）新的學校對師資培訓（是否）有經驗？

b 這時候（按：應刪去）是**第一次我**（我第一次）來臺灣。

c 他們**歡迎至之**（之至），**安排給我們**（給我們安排）很舒服的房間。

d 他們願意**陪我們天天**（天天陪我們）一起上課。

e 我**收**（得）到了很多**方法怎麼教好小孩子**（怎麼教好小孩子的方法）。

4. 成語偏誤

a 每位老師都是**教學相長**的老師。

b 老師，她人的**精雕細鏤**，……改變我已前的教學方法。

c 這寶貴的教導和**獲益不淺**讓我們開了很大的眼界。

5. 創造性誤用

a **可未想**那麼有趣呢！→沒想到那麼有趣呢！

b 不知不覺三個月就要**畢班**（業）了。

c 我現在對臺灣有特別深刻的印象，我到<u>**何時**</u>也忘不了的。

（五）第二語言教學法

　　在培訓中，印尼教師分別做了模擬教學，從其操作中，我們觀察到了兩種教師常用的教學策略。多數的印尼教師，特別是年長的教師，根據自己的學習經驗，將教學對象視為第一語言的學習者，在教學中大量採用講解、朗讀、跟讀、漢字書寫等以教師為中心的教學法，並將習得（acquisition）的標準定為能聽寫生詞、背課文乃至默寫課文，而忽略了語言學習最重要的是互動溝通。在課堂上，教師不常使用擴展練習、引導問答、任務學習等第二語言訓練法，協助學生開口說華語。

　　年輕教師在課堂上，多能雙語並用，如進行故事教學時，教師會採用文法翻譯法，以華語為敘述故事的主要語言，遇有生詞便以印語解說，其優點是降低了幼小學習者的焦慮。在這樣的教學操作中，教師需要有非常清楚的第二語言教學意識，能區辨何時需要印語翻譯，何時僅能使用華語，否則會像臺灣國中、小的英語教學一樣，在課堂上大量使用母語，而使得目標語（target language）的輸入量減少。青壯教師的另一個特色是掌握新知快速，在課堂上敢於嘗試新的教學法，但是由於教師本身的華文基礎不夠好，辨識錯誤漢字、語音、語法的能力稍弱。

　　從以上的數據可知，若要有效實施華文教師培訓，事前必須根據教師的華文能力、教學專業知識、教學對象做有系統地規劃。

四、兩岸師資培訓的反思

　　目前兩岸進行印尼華文師資培訓的方式有兩種，第一種是海外巡迴教師培訓，第二種是教師回國研習班。2000 年臺灣僑委會率

先在印尼進行巡迴華文教師培訓，2001 年首次辦理印尼教師回國研習班，至 2006 年已經在三峽國立教育研究院籌備處和中原大學進行了九個梯次。

大陸的印尼教師培訓工作始於 2001 年 4 月，由廣東省海外交流協會、廣東教育國際協會組織了的廣東漢語專家團赴印尼雅加達、棉蘭、泗水、萬隆 4 座城市，進行了 5 期華文師資培訓。並自 2006 年開始根據各地華文教師的假期，定期開設華文教師研習班，進行大規模的海外華文師資培訓。2001 年和 2002 年，國家漢辦資助了約 180 名印尼華文教師到中國接受培訓，由暨南大學、廈門大學、北京語言文化大學和首都師範大學負責培訓（宗世海、李靜，2004）。

從培訓的屬性來看，臺灣在中原大學投入之前，偏向於對第一語言的語文教師培訓，而中國大陸做的是第二語言教師培訓，並將教學對象鎖定海外華人。以其組成單位的專業方向觀之，負責辦理的廣州暨南大學、廈門大學，長期深耕南洋，有較紮實的區域研究基礎，北京語言大學是對外漢語教學（Teaching Chinese as a second language.）的重鎮。兩岸在教學的定位、方向上，存有些許差異。

就培訓的人數、課程質量、行政投入、經費挹注來看，雙方都已竭盡所能，其間雖不免有暗自較勁的意味，然無可諱言，競爭是進步的動力。2000 年迄今，兩岸提供的各種印尼師資培訓，實為印尼華教蓬勃發展的催化劑。

回顧由臺灣僑委會所主導的華文教師培訓，在歷經多年的努力後，是否還有精進的空間？相較於對岸，還有哪些部分需要提升？

（一）師資訓練需分層次

　　教育是百年事業，不易速成，而師資培育更是掌控教育品質的關鍵，對於印尼的華文教師培訓，建議未來能根據學習者的需求、背景來區分培訓層次。

　　第一層：廣結善緣的海外巡迴教學。此種教學形式，不宜限制學員人數，且要積極鼓勵中、老年教師長期參與，使其逐漸形成類似教師聯誼會的團體。巡迴講授的教師可包括兩類：一類是由臺灣選派的專業教師，負責介紹最新的、可操作的教學資訊；另一類是當地優秀教師，負責分享自己成功的教學經驗和在當地可行的教學策略。課程安排宜多元，盡可能滿足各類、各級教師的需求，其目的是使印尼華文教師的教學步伐能與其他地區齊頭並進。

　　第二層：樹立品牌的教師回國研習。目前學員返台的費用，由僑委會全額負擔，研習的名額有限，亦即隔數年才有一次機會。近兩年，中原大學所規劃的研習時數超過一百小時，相當於大學六個學分的課程，屬於密集強化師資培訓。在此學習壓力下，若教師本身的專業素質、華文程度不足，學習效果將大打折扣，因此建議未來選拔教師時，能輔以「華語文能力測驗」，以鑑別教師是否有足夠的語文能力應付學習需要。此研習可鼓勵有數年華語教學經驗的青、壯年教師參加，教學的重點放在正音、語法、文字學、教學法、第二語言習得等基礎科目上，科目的種類在精不在多，重要的是學得紮實。尤其是正音，這是印尼教師普遍的弱項，且是在當地難以獲得的學習資源。研習結束前，教學單位應對學員進行成果測試，通過者可獲得結業證書與學分證明，這不僅有助於教師未來的就業與深造，亦可藉此建立臺灣教師培訓的品牌。

第三層：儲備骨幹教師的學歷教育。僑委會甄選有志華教的優秀青年，提供類似臺灣獎學金的教育補助，助其返台攻讀華語教學專業的大學科系、研究所，以三到四年的訓練來培養瞭解當地文化且具專業素質的華教人才，學成返回僑居地後，可協助相關單位，負責當地師資培訓、教材編寫、教學管理等專業需求較高的工作。

（二）設置專職機構負責師訓

目前各國的返台師資研習班，其操作模式，多是由僑委會支付經費給大學，再由大學根據需要規劃出相應的課程。為符合政府採購法，大學承辦之前需經過投標過程。對大學而言，短期研習班不是例行校務的一部份，因而沒有專職人員負責，投標後，若標到案子，就以任務編組的方式來進行，而其間也可能另有變數，如校內的工作成員變動，或是某大學做了幾年後，由於某種原因該年沒標到案子，或是沒有意願投標，之前的辦學經驗可能就此中斷，當另一個學校接手後，一切從零開始。

類似的培訓工作，對岸的做法是委託該領域重點大學的專職單位負責，例如：在北京師範大學由「繼續教育與教師進修學院」負責，在北京語言大學則是由「漢語教師進修學院」來辦理。以北京語言大學為例，自 1987 年到 2004 年，已辦理 159 個各類型的漢語教師培訓班，包括教育部委託的暑期外國中文教師研修班和為中國教師舉辦的教學進修班，有近 50 個國家、地區的 4008 名教師來此進修。而「外國中文教師研修班」，即等同於台灣僑委會每年舉辦的「海外華文教師研習班」。可以想見，由專職機構負責的長期培訓工作，其經驗積累必定可觀。

　　海外華文教師培訓，不同於本國各科師資培訓，它需要有相當的區域研究做基礎，不瞭解學員所在國的政治背景、所處的教學環境、學習者變數，而僅由學科出發所設計出來的培訓課程，實無法滿足當地第一線教師的需要。我們以馬來西亞、印尼為例，兩者地理位置接近、地區語言類似，而兩地華文教師所需的培訓課程內容、深度卻迥然有別，主辦單位若對該區域沒有足夠的瞭解，自是事倍而功半。

　　教育的進展來自專業的累積，似不宜囿於某些原因，把師資培訓班當成資本主義下的商品，做為會議桌上競標的對象。目前臺灣的海外師資培訓班缺乏專業的教學研發團隊，以及有系統的培訓體系。我們需要類似「海外華文教師進修學院」的機構，長期有效地掌握各地區的華文教學脈動，並研發出相應的教學策略，在紮實的基礎上逐步提升教師培訓的質量。

附錄一

1. 以年級為對照得分參照表（柯華葳等，2004）

分數	年級等值	測驗類別			
等級		詞彙	聽力	閱讀	總分
初級	1（小五）	62-66	56-62	54-60	172-188
	2（小六）	68-70	64-68	62-64	194-202
中級	3（國一）	72-78	70-72	66-68	208-218
	4（國二）	80-82	74-76	70-72	224-230
高級	5（高一）	92	86-88	84-88	262-268
	6（高二）	94	90	90	274

附錄二

2. 2005 年印尼華文教師研習班「華語文能力測驗」結果

	姓名[2]	詞彙	聽力	閱讀	總分	年級等值	百分比
1.	X1108	28	52	26	106	小五以下	70%
2.	T02169	16	76	22	114	小五以下	
3.	S9531	46	36	36	118	小五以下	
4.	ET2548	40	40	40	120	小五以下	
5.	LT6547	44	44	36	124	小五以下	
6.	MM3697	56	40	32	128	小五以下	
7.	H1609	30	50	50	130	小五以下	
8.	6190	60	26	46	132	小五以下	
9.	T2356	30	62	42	134	小五以下	
10.	D181	44	54	38	136	小五以下	
11.	GNM5419	32	60	44	136	小五以下	
12.	76018	34	58	46	138	小五以下	
13.	JJ6687	48	68	24	140	小五以下	
14.	AY4339	48	48	48	144	小五以下	
15.	MK1173	52	48	44	144	小五以下	
16.	LMK5872	48	32	64	144	小五以下	
17.	E5379	46	68	32	146	小五以下	
18.	TD6578	60	52	36	148	小五以下	
19.	HR4873	40	52	56	148	小五以下	

---

[2] 為了減輕教師測驗時的壓力，我們請教師選一個代號代替姓名，測驗的結果也以代號公布。

20.	JC1214	52	44	52	148	小五以下
21.	WW2188	52	56	40	148	小五以下
22.	SS2199	56	52	40	148	小五以下
23.	GW4479	52	48	48	148	小五以下
24.	LQL1177	40	52	56	148	小五以下
25.	TMS9983	32	68	48	148	小五以下
26.	LTL5831	36	64	48	148	小五以下
27.	YM7419	60	28	60	148	小五以下
28.	NN5454	44	52	56	152	小五以下
29.	HYC3971	64	48	40	152	小五以下
30.	K1905	42	82	32	156	小五以下
31.	WMS5472	52	44	60	156	小五以下
32.	YKM2933	64	48	44	156	小五以下
33.	YYY1436	52	56	48	156	小五以下
34.	T2526	60	56	44	160	小五以下
35.	GW5433	56	52	52	160	小五以下
36.	NAM2871	48	64	48	160	小五以下
37.	RD5784	60	52	52	164	小五以下
38.	GL2486	68	24	72	164	小五以下
39.	TU3649	66	48	52	166	小五以下
40.	W1603	48	74	44	166	小五以下
41.	S1075	70	64	34	168	小五以下
42.	LVG5471	40	68	60	168	小五以下
43.	EIKG2637	56	56	56	168	小五以下
44.	VV9831	60	56	52	168	小五以下

45.	FF6669	60	60	52	172	小五以下	
46.	YY2587	80	48	44	172	小五以下	
47.	MSS5473	60	48	68	176	小五以下	
48.	MS5572	48	72	56	176	小五以下	
49.	CCD8593	64	56	56	176	小五以下	
50.	HC2411	44	76	60	180	小五以下	
51.	EE5647	60	64	56	180	小五以下	
52.	L1155	60	78	44	182	小五以下	
53.	L1988	62	60	60	182	小五以下	
54.	D0921	68	60	64	192	小五～小六	1.3%
55.	W5101	60	80	54	194	小六	
56.	Y1953	72	62	62	196	小六	
57.	C8888	80	54	64	198	小六	6.6%
58.	NGHSL	60	82	60	202	小六	
59.	D2989	76	60	66	202	小六	
60.	L3355	76	68	60	204	小六～國一	
61.	S3095	76	72	56	204	小六～國一	3.9%
62.	H0508	62	88	56	206	小六～國一	
63.	R1706	60	84	64	208	國一	2.6%
64.	M2512	80	70	66	216	國一	
65.	Q007	72	82	76	230	國二	1.3%
66.	TX6326	82	84	68	234	國三	9.2%
67.	S1608	74	86	74	234	國三	
68.	H3714	90	70	78	238	國三	
69.	DWSENA	88	76	76	240	國三	

70.	T3754	88	80	78	246	國三	
71.	A0964	90	94	72	256	國三	
72.	916	92	94	74	260	國三	
73.	P6079	96	90	86	272	高一～高二	1.3%
74.	Doraemon	94	92	92	278	高二～	
75.	R6261	98	92	90	280	高二～	3.9%
76.	S7838	98	90	94	282	高二～	
	平均	59.24	61.77	54.29	175.29	小五	

參考文獻

宋如瑜（2005），〈學習者為中心的師資培訓課程設計──以 94 年度印尼地區華文教師研習班為例〉，收錄於《94 年度印尼地區華文教師第二期研習班結案報告》。

宗世海，李靜（2004），〈印尼華文教育的現狀、問題及對策〉，收錄於《暨南大學華文學院學報》，第 3 期，頁 6-7。

柯華葳、宋如瑜、張郁雯（2004），〈僑生國語聽與讀理解能力測驗編製報告〉，收錄於《華語文教學研究》第一卷，第一期，頁 53-66。

郁漢良（1998），《華僑教育發展史》，台北：國立編譯館，頁 780。

倪偉曼、林明賢（2000），〈關於印尼華裔學生漢語語音的調查及相應的教學對策〉，《華僑大學學報》（哲社版），2002 年，第二期。

高然（1999），〈印尼蘇門答臘北部的閩南方言〉，收錄於李如龍編《東南亞華人語言研究》，北京語言文化大學出版社，頁 165-194。

陳亮光（2005），〈創意教學為主體的師資培訓課程設計──以 94 年度印尼地區華文教師第二期研習班為例〉，收錄於《94 年度印尼地區華文教師研習班結案報告》。

陳靜、彭曉峰（2006），〈印尼華文教育的現狀、問題及對策〉，中新社，http://big5.xinhuanet.com/gate/big5/news.xinhuanet.com/newscenter/2006-04/04/content_4380979.htm。

黃昆章（2002），〈印尼華文教育呈現復甦勢頭〉，載於《人民日報海外版》，2002 年 7 月 4 日，第五版。

溫北炎（2001），〈印尼華文教育的過去、現狀和前景〉，收錄於《暨南學報》（哲學社會科學）第 23 卷，第 4 期，頁 73-77。

福建僑聯網（2002），〈近年來印尼華文教育呈現良好發展勢頭〉，2002 年 7 月 5 日，網址：http://www.fjql.org/fjrzhw/a404.htm

蔡賢榜（2006），〈印尼華文師資隊伍現狀及其培訓市場的拓展〉，刊載
於《教育現代化》，2006 年第 5 期，總第 116 期。

如何提升印尼僑生的華語及寫作能力

龔秀容[*]

逢甲大學

摘要

華語在現階段是一熱門的語言，正因如此，許多華僑鼓勵並希望自己的下一代能學習並精通華語，除了了解中華文化外，並提升自己的競爭力。在此前提下，學習華語的人口數亦愈來愈多。

語言教學的主要目的，便是培養學生如何恰當的使用語言、文字來表達自己的情感思想，然而要達到能適切的表達自我感受，則有賴於紮實的基礎及養成教育。

印尼僑生來台學習華語的人數不算少，有的是為了來台繼續求學深造，有的則是為了工作需要。不論其目的為何，不難發現的是他們來台之前雖然或多或少都有些華語基礎，但印尼僑生的語文能力，普遍來說，與其他亞洲學生評比起來，似乎弱了些，這其中存在著許多影響其學習成果的因素。

本文將針對印尼僑生在學習華語中所面對的問題，如：發音問題、詞彙語法問題、書寫問題等，提出個人的一些看法及解決方案，如發音部分從啟蒙教師到發音練習都影響到日後學習者的發音正確與否；詞彙語法則針對詞彙理解與文法詞序問題提出解決方案；

---

[*] 文化大學中國文學系博士班候選人、逢甲大學中國文學系、語言中心華語組兼任講師

書寫問題則著重於連接詞及如何引發寫作興趣為主，期許這些方法能提供華語老師及印尼僑生一些幫助，並希望能就教於學界先進。

關鍵詞：華語、華文教育、印尼華文教育

一、前言

「華文熱」是二十一世紀的熱門話題，亦是本世紀引發許多人學習熱潮的一種語言。印尼僑生來台學習華語文的人數不算少，有的是為了來台繼續求學深造，有的則是為了工作需要。姑且不論其目的為何，不難發現的是他們來台之前雖然或多或少都已有些華語文基礎，但印尼僑生的語文能力，普遍來說，與其他亞洲學生評比起來，似乎弱了些，這其中存在著許多影響其學習成果的因素。

華語文教育在印度尼西亞[1]的發展因某些因素，而導致華語文教育在印尼的發展比鄰近的馬來西亞、新加坡等國的步伐慢了許多。華語文教育式微的原因大抵可歸納為：政府的不支持、華人子女融入當地社會文化和華語文教育的深層目標不明確等等都阻礙了華語文教育的發展[2]。個人認為影響印尼華語文教育發展的因素主要是「政府的禁止以及年輕一代的印尼僑生對華語文教育的深層目標不明確。」

---

[1] 印度尼西亞於本文將接以印尼稱之。

[2] 林東華（走向 21 世紀的東南亞華文教育與教學），頁 34。

　　正因為印尼政府曾一度禁止華語文教育長達三十多年，加上年輕一代的僑生對於原鄉意識漸漸薄弱，並且對於學習華語文未能有明確的目標，且大多都是在父母的要求或安排下才跨海來台學習華語文，在本身學習的主動意識不強下，都將影響其學習成果。

　　本文將針對印尼僑生在學習華語文過程中所面臨到的問題，如：發音問題、詞彙語法問題、書寫問題等，提出個人的一些看法及解決方案，如發音部分從啟蒙教師到發音練習都影響到日後學習者的發音正確與否；詞彙語法則針對詞彙理解與文法詞序問題提出解決方案；書寫問題則著重於連接詞及如何引發寫作興趣為主，期許這些方法能提供印尼僑生一些幫助。

二、印尼僑生學習華語文的若干問題

　　人類是群居的動物，是無法離群索居。人們生活在社會裡，就需要互相溝通個別想法、經驗交流，互相接觸與交往。而這種接觸交往或是溝通，則有賴於語言，實質上即是語言的接觸與交往。

　　一般說來，在學習第二外語時，必會受到母語與第二外語之間所產生的語言接觸的干擾。所謂的語言接觸若以地理語言學來看則可分成：不接觸、有限接觸和無限接觸三種；從語音詞彙上來看則可說是母語干擾與借代；亦有學者認為語言接觸的影響有表層與深層兩種類型，表層是指語音、語法和詞彙的借用，關係到結構的調整則是深層。然而語言的影響不單單只是這兩種類型，還存在著對底層的發音習慣的影響。

本節在探討印尼僑生學習華語文中所面臨到的問題時，則將只針對母語干擾與借代，即表層的語音、語法和詞彙的借用部分，提出個人於實際教學中所發現的若干問題。

（一）發音問題[3]

1. 聲母部分：

(1) 舌面音—ㄐ、ㄑ：印尼話中沒有舌面前塞擦音，偶爾會像泰國學生般將塞擦音全念成擦音，但為數不多。

(2) 舌尖後音—ㄓ、ㄔ、ㄕ、ㄖ：又稱為翹舌音。印尼話中沒有舌尖後的塞擦音或擦音，再上加人類的發音器官都會偏向於揀選容易發的音為主，因此在發此組音時，常會變成舌尖前的ㄗ、ㄘ、ㄙ及舌尖邊音ㄌ。

(3) 送氣音—ㄆ、ㄊ、ㄎ、ㄑ、ㄔ、ㄘ：印尼話中雖沒有送氣音，但大多數的學生送氣音都能發得很好[4]，唯獨常出錯的送氣音則是雙唇塞音的ㄆ，印尼僑生有滿高的機率將送氣的雙唇塞音ㄆ讀成不送氣的雙唇塞音ㄅ。

2. 韻母部分：

(1) ㄟ：雙元音的ㄟ[ei]通常都會被唸成單元音的ㄝ[e]。特別是考試時，學生若不注意老師的嘴型，往往會無法分辨或

---

[3] 印尼話的發音表置於附表一。

[4] 此論點是依據筆者於逢甲大學任教期間，觀察印尼學生發音所得到的論點，特別是在練習送氣音與不送氣音時，雙唇塞音的ㄆ常會變ㄅ，其他送氣音則不會有太多的問題。

聽錯導致寫錯，但基本上在口語中不會造成聽者辨義上的困難。

(2) ㄨㄛ-ㄡ：ㄨㄛ這個結合韻對學生來說，ㄨ的圓唇性會變弱，改變情形則為 uo→ou→o。所以「多」（duo）會念成「都」（dou），但又不是念 dou 而是念 do。

正因為如此，在部分的辭彙當中容易造成誤會，例如：
他「脫」衣服→他「偷」衣服。

(3) ㄩ：由於印尼話當中沒有「ㄩ」這個音，因此一碰到有「ㄩ」音的辭彙，自然而然就會以「一」來代替。例如：
「月」亮→「夜」亮
「女」生→「你」生
「需」要→「西」藥

3. 聲調部分：

(1) 第一聲：

華語的第一聲：55，是高長調的音，但印尼僑生會將第一聲的 55 說成 33 的中音調。若以單獨一個字來說，對於辨義作用還不致於造成太大的誤解，然而若是詞彙，則容易讓聽者誤判詞彙意思，導致雞同鴨講。

拍球：55 35→排球 35 35(3-35)
約會：55 51→33 51→也會 214 51（21-51）

(2) 第四聲+第四聲：（51＋51）

第四聲調是個高降調，印尼僑生往往會把第四聲念成中降調（31）或低降調（21）因此在詞彙的判讀上也容易造成誤會。

旺盛：51 51→往生 214 55（21 55）

去世：51 51→起司 214 55（21 1）

(3) 第二聲+第二聲：（35＋35）

第二聲是個升調，但在兩個同是升調的二聲在一起時，則第二個二聲會變成三聲，個人認為主要的原因是：印尼僑生習慣將第一個二聲拉長後連結到後面的二聲，形成先升後降的感覺，因此造成學習者將後面的二聲改成三聲。但常用的或一般的辭彙卻又不會出現此問題。

華文：35 35→35 214

無聊：35 35→35 214

懷疑：35 35→35 214

上述例子只會造成聽者感到語詞的聲調有些奇怪而已。下列的例子則會造成誤解：

鞋油：35 35→寫有 35 214

手環：35 35→手腕 35 214

(4) 第三聲＋第二聲：（214+35）

華語文中的第三聲的調型是先降後升的，但在使用時往往我們不會念全三聲，而是念半三聲，有時念前半的三聲，有時念後半的三聲。如詞彙是由兩個三聲組合而成，則前面的三聲變二聲，是屬於後半升的三聲；三聲與二聲在一起，則三聲唸的是前半段降的三聲。但針對三聲與二聲所組成的辭彙來看，印尼學生很容易念成二聲與二聲或二聲與輕聲[5]。

品質：214 35→35 35（有時聽起來像瓶子）

好難：214 35→35 35（有時聽起來像好懶[6]）

---

[5] 有時候面的二聲還會變成輕聲，早成語意的誤解。

[6] 聽起來會變成好懶，是因為後面二聲沒唸完整，所以感覺像輕聲。

（二）詞彙語法問題

1. 詞彙部分：

印尼僑生對於詞彙的掌握較其他國家弱，主要的原因是印尼僑生對於字與詞的本義掌握度不夠，因此常常無法舉一反三；或對於華文詞彙無限延伸，自創新詞而造成誤解。

例如：窗簾、門簾：遮蔽門窗的布→桌簾

我們要懂得孝順父母，所以父母年紀大時要懂得養育他們。

2. 語法部分：

時間副詞：

*我上課八點早上

aku pergi sikolah jam delarpan pagi.（我去學校點八早上）

我早上八點上課

方位：

*我家在西邊的加里曼丹島

rumahku ada di sebelah barat pulau Kalimantan.

（我家有在邊西島加里曼丹）

我家在加里曼丹島的西邊。

*有一條魚游泳在海底下

ada seekor ikan berenang di dalam laut.

（有一條魚游泳在裡面海）

有一條魚在海底下游泳

*我吃飯在麥當勞

aku makan di Mcdonald's（我吃飯在麥當勞）

我在麥當勞吃飯

印尼學生在學習華語文時，常常受到本身母語的影響，正因為母語的干擾而致使他們在使用華語時，常會出現母語的語法，這是一般學習第二外語時常出現的一種現象。

（三）文章書寫問題

1.跳躍式思緒：

　　所謂的跳躍性思考指的就是非邏輯性，無法推理證明，隱約關連式思考，隨興式語言且談論時天馬行空。

> ＊我同學瘦瘦高高的像竿子，他有一個哥哥，兩個弟弟。<u>他的么子很年輕就去世</u>。<u>現在他比較不像竿子，因為他喝很多牛奶</u>。

　　在此段文字裡，所呈現出的跳躍性思考在於「他的么子很年輕就去世」，這裡的他指的是父親，後半段「現在他比較不像竿子」，這裡的他指的是兒子。腳色混淆，容易造成閱讀者的困難。

> ＊我最難忘的一件事小時候去外婆家。……我們<u>一起去烤肉，一隻貓抓我的手，我嚇一跳，那隻貓很可愛我給他喝牛奶</u>，覺得去外婆家很好玩。

　　此段文字的跳躍性思緒在於「一隻貓抓我的手，我嚇一跳，那隻貓很可愛我給他喝牛奶」，從被貓抓到餵貓喝牛奶，這中間的過程如何轉變，都有賴作者交代清楚。

> ＊我家有<u>四間小房</u>，兩個洗手間，一個客廳，<u>一個廚房</u>。一個<u>臥房在樓下，三個臥房在樓上</u>……

　　針對文章的書寫部分，很多學生在敘述時，常會出現跳躍式的思緒，倘若跳躍的思緒差距不太大，則閱讀者尚能猜出其意涵；若思緒跳躍太快，讀者跟不上作者的思緒，在閱讀時則會出現一知半解的情況。

2.冗長：

所謂「冗長」指的是多餘而無適用或文辭枝蔓而長。

> 他是我的好朋友，有了他，<u>不管我在哪裡，哪個地方，家人朋友都可以找到我</u>。他是我的好朋友，<u>平常幫我和大家聯絡</u>，有時候還會陪我打電動，還會陪我聊天，可以和在每個地方的家人朋友聯絡、發簡訊。他雖然很小，可是很聰明，不過他也有不想和我聊天，<u>不讓我跟家人聯絡的時候</u>，因為他鬧脾氣生氣了。有一次，我去逛夜市，把他放在包包裡，拉鍊沒拉，不小心就被拿走了，我好傷心喔!後來有了新朋友以後，<u>他又讓我可以和家人聯絡了</u>，不過現在我把他放在包包裡，我都會小心的把拉鍊拉起起，不然又會被偷了。……

　　上列文章中，一直重複一直重複『跟家人聯絡』，早成此篇文章過於冗贅而欠精鍊。

　　文章書寫的另一個問題就是為了詳盡讓閱讀大眾了解，而顯得冗長囉唆，造成讀者覺得許多詞彙與內容意涵一直重複，拉拉雜雜失去文章的重心與主軸，反倒成了文章的缺點所在。

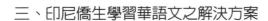

三、印尼僑生學習華語文之解決方案

　　海外華人社會在華語文教學上的問題，國內主事的教育單位實在有必要進行了解，依據各個不同僑居地的文化背景及需求，予以協助。對於站在第一線的教學者來說，當你了解問題的癥結所在，就必須針對問題癥結對症下藥，才能將問題確確實實的解決，並能有效的幫助學習者。本節將針對上一節所發現的問題，提出個人的解決方案。

（一）發音問題之解決方案

1.針對印尼話中沒有的華語語音多加強

　　當華語文教師了解印尼語的語音特徵後，可針對學生較易出現問題的幾個音或印尼語本身沒有的音且較難發的音，予以更多時間的練習，並時時刻刻糾正學生的發音，縱使學生覺得無聊或無趣。至於如何加強，個人認為可以將「ㄩ」與「ㄧ」「ㄨ」置於同一組，從字到詞到句子不斷地練習，如：丟球去遠圓圈，魚群游泳玩漁網等。「ㄓㄔㄕㄖ」等舉凡學生有問題的音都可以採取此方法。

2.增加發音課程的時數

　　啟蒙教育是非常重要的，就如同平地起高樓般，基礎若是紮實，比起日後再來糾正容易多了，因此發音課程的時數實在是有增加的必要性，並對於學習人數有個上限的設定，讓學生有更多練習的機會，老師亦有糾正學生發音的機會，如此一來才能真正幫助學生學習正確的發音。以逢甲來說，以前是一星期兩個小時，人數達二十人才分班，現階段是一星期四個小時，人數達十六人便能分

班，但我個人認為還不夠，因為當老師在糾正學生發音時，其他學生便無事可做。

另外，曾詢問過發音如台灣人的日本學生，她在日本學習中的的那一年，一整年都只練習發音，讓她一度很討厭中文，但來台灣後發現自己沒有口音，還讓日本人誇獎她日文說得很好，覺得那一年的努力沒白費。先前在 TLI 任教時，學生的發音也比較好，因此個人認為若人數可以控制在五人左右，時數一星期四到六個小時，且若能先侷限在練習基本發音及聲調，三個月後便能見到成效。

3. 印尼當地的師資狀況

印尼政府在早期曾一度禁止華語文教育，因此在這禁止的三十幾年間，華語文教育則有賴父母親的傳承與教導。近幾年來由於華文熱，加上印尼政府恢復了華語文教育，致使華語文老師的需求量大增，許多印尼僑生轉行成為了當地的華語文教師。然而不可否認的是，實際上許多在印尼從事華語文教育的老師們，本身的發音都有待糾正，特別是那些到過中國或台灣學習華語文後返回印尼擔任教師者。畢竟會說不一定會教，會說不一定說得對。若是印尼當地的華語文教師，在遴選資格上趨向於較嚴格的審查，並了解基本的語音學概念的話，相信對於學習者本身來說，會是一大福音。

（二）詞彙語法問題之解決方案

華語文的語言研究或是在語文教學中所說的「詞」的概念，這概念是來自於西方語言學中的概念，在中國傳統的文字意涵中，「字」才是我們語言研究與學習裡的傳統觀念。「字」是構成中文詞彙的基本要素，也就是所謂的「語素」。在學習華語文的過程中，

「字」的地位不可小覷，畢竟漢語的同音字非常多，而且一個字往往涵蓋許多不同的意思，倘若學生無法分辨語素的意義，是會造成學生很難正確了解詞的意思，或造成他們常寫錯別字的主要原因。

周清海先生就曾提出：「漢語教科書有兩個不好的偏向：一、對於「字」的重視不夠多；二、詞義的解釋多數傾向粗略，沒有把詞與詞之間的細微差距點出來。」[7]教科書上的缺失，在第一線上從事教學的老師們是能夠彌補的，加強教師本身對「漢字」本身的基礎意義及其細微差異處，才能減少語言學習者不完全的學習，降低學習者對於詞彙的一知半解。

當學習者能夠完全掌握到詞彙的意涵後，對於語法或多或少還是有幫助的。語法部分則應該不斷地練習，給予學生適當的語言環境練習使用，在高級班則告知學習者近似詞的不同及其差異，予以學習者華語文的一重要概念是「從大到小」「先做的先說」這個大原則，是能幫助學習者習慣華語文的語法。個人在教授方言（台語）時於課堂上就曾做過一個小小的實驗，便是給印尼僑生中文，請他們翻譯成台語，練習久了之後，印尼僑生在以台語回答問題或對話時，並不會出現時間副詞放錯地方的問題，也不會有方位詞的問題。因此，個人認為不斷地練習，是可以強化學習者的印象並改變其語言習慣的。

（三）文章書寫問題之解決方案

閱讀是一資料的輸入，而寫作是資料的輸出。當我們閱讀時，將所看的文字藉由視覺系統傳達到大腦，分析理解後熟記；而寫作

---

[7] 周清海〈華文教學裡的教材與語言問題〉，頁26。

是將我們的情感、思維,透過大腦傳達到手中,藉由文字表達出寫作者的理念與情感,這理念是否能如實的闡述出,則有賴於作者本身是否廣泛涉獵、寫作技巧是否純熟以及讀者對語言文字的理解能力。因此要使學生寫作能力進步,多閱讀是唯一的不二法門,因為閱讀能增進我們的語言能力。倘若我們希望提高學生的寫作能力,首要的條件便是先提高他們對閱讀的興趣。

如何提高學習者的興趣呢?印尼僑生普遍來說都滿喜歡中文歌曲的,因此藉由歌曲和電影來教導他們學習中文,可說是事半功倍。從修辭法介紹開始,如「擬人、疊詞、誇大、設問」等簡單常用的修辭法,慢慢推進到寫卡片上的短語,然後從全班一起創作寫詩,再到自選流行歌曲改編歌詞,到最後藉由口頭的成果報告(以 power point 報告)來呈現其平時學習成果,對學生來說是能增強其信心與興趣。

至於思緒跳脫及冗長的問題,教師可依學習者的不同特性予以協助,反應靈敏的學生,當老師告知他文章寫完後可自行朗讀,且時時提醒並修正其文章多次後,即能自行改正寫作上的缺點。以個人的經驗來說,我會讓兩位程度差不多的同學互相交換文章進行閱讀,並請他們針對對方的文章提出問題,例如:意思不懂、句子不懂及作者所要交代的事不清楚的地方。

對於需要多方面引導的學生,教導者必須一步一步按部就班予以協助,不斷地詢問學習者為什麼?下一步你會如何?這部分可以先從加長句子訓練起,讓學生對一個主題有一個完整的概念及脈絡,慢慢從一個主題變兩個主題,訓練學生連結的流暢度,最後進階到整篇文章。若只是部分思緒跳躍地篇章,則以提問的方式誘發學習者思考及組織脈絡,長時間下來仍能見到學習者的進步。

寫作技巧的進步是慢慢堆疊而起的,並非一蹴可成。然我確信所有從事教學的老師們看到學生一天天進步,到了自行完成成果報告,一定非常有成就感的。

四、結論

從事華語文教育者,除了了解華語文本身的語言特性及中國傳統文化外,也必須了解學習者的文化背景及其語言特性,以及學習目的。現階段學習華語文的印尼僑生年齡較輕,對於本身學習華語的目的並不是那麼清楚,或有強烈的學習意願,抑或是熱衷於傳統中國文化,因此當今的華語文教育必須創造比較易學的條件,學習者有興趣的教材,以提高學習者的學習意願與興趣。

印尼僑生在學習過程中所面臨到的問題,對他們來說只要引領著他們,這些問題是可以克服解決的,而這部分仍有賴於老師與學生間互相配合。只要印尼僑生不要妄自菲薄,努力找尋出學習華語文的目標,並積極學習,相信在未來,印尼僑生的華語文能力,必定能讓人刮目相看。

參考資料

C.C.Pappas，B.Z.Kiefer，L.S.Levstik 著，林佩蓉、蔡慧姿 譯（2003），
《統整式語文教學的理論與實務：行動研究取向》，台北：心理出
版社。

林華東（2000），〈走向 21 世紀的東南亞華文教育與教學〉，收錄於《泉
州師院學報》，第 5 期，頁 33-35 接 46。

周清海（2004），〈華文教學裡的教材與語言問題〉，收錄於《華語文教
學研究》，第 1 卷，第 1 期，頁 23-31。

歐秀慧編著（2004），《語法與修辭─生活語言的修辭應用》，北縣中和：
新文京開發出版股份有限公司。

附表一

英文字母	A	B	C	D	E	F	G
印尼話發音	a	be	se	de	e	F	Ge
英文字母	H	I	J	K	L	M	N
印尼話發音	ha	i	dze	ka	L	M	ian
英文字母	O	P	Q	R	S	T	U
印尼話發音	O	pe	Q	*r	S	te	U
英文字母	V	W	X	Y	Z		
印尼話發音	fe	ue	X	Y	dzet		

＊ 大寫英文字母語英文讀音相同

＊ r：為舌尖閃音

學生作品：

（卡片短語）

每當我看到落日

心裡總會感到寂寞

沒有你陪伴的我

怎能過孤單的生活

〈熱戀〉　　　　　　　　　　〈青春〉

深夜　　　　　　　　　　　　時間

情人把她的眼淚　吻乾了　　　坐上了雲霄飛車

為了愛
分隔　遙遠距離
無法澆熄
我們的愛
千萬　千萬
一定等我
帶來我們
我們美好的未來

想把它　偷偷地
偷偷地　停下來
深怕　它
溜進我的未來
未來　快到了
想把它悄悄掩在門外
別讓它踏進　我
我那青春美麗的皇宮

〈真情〉

在男人的眼中
尋找美如西施　的她
擁有後
在彩虹上享受著　愛情的浪漫
在白雲藍天
度蜜月　無人叨擾

短暫的分離
微風細語
也感受到
感受到
妳淚憐憐的模樣
一千個悲傷
我們仍然

〈愛情〉

下雨時　就像你
淚憐憐的模樣
但在我心中
美如西施的你
雖有一千個傷悲
我們仍然相知相惜
在白雲藍天
度蜜月　無人叨擾
在彩虹上
享受　愛情浪漫
以戒指約束
我們的愛情

心繫彼此
因為　我們
已擁有了
約束情人的
戒指

後蘇哈托時期華裔印尼人教育選擇之研究:「原鄉化」、「在地化」、「國際化」?——以雅加達地區為例

陳雅莉[*]

暨南國際大學

摘要

　　過去至今「華裔印尼人」在政治、經濟、文化上雖貢獻良多,不過其處境無疑仍是複雜的。華裔在印尼當地之受教權益,始終與其華裔身分在印尼的處境有關;經常是受到限制或是歧視,既使是在印尼進入「穩定發展」階段的新秩序時期。不過華裔印尼人在文化教育上所受到的剝奪,到一九九八年後,有相當大的變化。一九九八年五月蘇哈托下台,繼任者哈比比與瓦希德政府開始對華人政策作出調整,這也顯示出後蘇哈托時期的華裔印尼人,將在文化教育上有新的發展與變化。事實上,這樣的發展也引發了相關華裔印尼人的「認同」問題的思考。而這思緒的背後,乃是因為所謂「中國興起」的影響。因此本研究主要探究,在前面提到的後蘇哈托時期巨大的時空背景變化下,對於這些移民自中國的華裔印尼人,在面臨教育選擇時,會做出何種教育選擇?本研究是利用滾雪球抽

---

[*]　國立暨南國際大學東南亞所碩士,現任私立萬能科技大學教學卓越計畫專任助理。

[**]　發表於「第一屆中印尼華文教育與教學研討會」,2006 年 7 月 11 日,桃園,中原大學。

樣，以半結構式訪談法訪問到二十九名雅加達地區的華裔家長及學生。以他們的背景來看，皆是中產階級或富裕家庭。由於時間與經濟的限制，無法再將訪談顧及到中下階級的華裔印尼家庭。因此，本研究結果僅能推論至印尼雅加達地區華裔中產階級之教育選擇。由於本研究訪談個案多為雅加達地區，雅加達的華裔社會有其獨特的屬性，商業特性、西化傾向比印尼其他城市都要來得高，加上後蘇哈托時期後，資訊各方面流通的也較為快速。因此在這種改革開放之際，「在地化」教育、「原鄉化」教育、「國際化」教育，雖為華裔父母帶來多種教育選擇的機會，但「國際化」教育，卻是中產階級年輕一代父母趨向的選擇。

關鍵詞：後蘇哈托時期、華裔印尼人、教育選擇、雅加達

一、前言

過去至今「華裔印尼人」[1] 在政治、經濟、文化上雖貢獻良多，不過其處境無疑仍是複雜的。昔日的華裔印尼人，基於諸多原因，並不非常重視或無法提供子女教育，原因有很多：有的也許只是將印尼當作暫時的居留地；有的也許認為只要出賣勞力，三餐溫飽即可；有的也許因為當時交通不便、缺乏師資而不重視子女的教育問題。（廖建裕 1993：53）不過，後來許多的華裔印尼人，或由於他

---

[1]　為了行文方便，本文對華裔印尼人和印尼華人不作區分。

們自己的經歷，或祖先歷史的苦難經歷深知未曾受教育之苦，另方面也為了因應時代的發展與需求，逐漸重視對子女的教育。（蔡仁龍 2000：226）

不過，華裔在印尼當地之受教權益，始終與其華裔身分在印尼的處境有關；經常是受到限制或是歧視，既使是在印尼進入「穩定發展」階段的新秩序時期。新秩序時期，蘇哈托曾表示，「我們必須在外籍公民的華僑和印尼籍的華人之間劃一條清楚的界線，華裔印尼籍公民雖然是華族，但都是印尼公民，他們具有同樣的義務和權利。對於華裔印尼公民的權利和義務，我們不應該採取歧視的態度。」（網頁 http://www.motherol.com/info/list.asp?id=58562004 年 2 月 2 日）然而這段話並未體現，在實際生活中並非如此，蘇哈托的新秩序政府反而對於華裔印尼人仍採取了多項歧視性政策。就教育層方面，一九六六年起陸續關閉全國華中小學；一九六七年內閣主席團指示第 37/U/IN/6/1967「解決華人問題政策」除其他內容之外，規定不准設立任何「外國」學校，除了專為外交使團及其家屬設立者外；任何國立學校的印尼學生人數必須超過「外國」學生人數，今後由政務部長負責執行「華人問題」政策（人權觀察 1999 年度報告，網頁：http://www.hrw.org/chinese/reports/indonesia）；一九六八年雖有特種民族學校的興辦，但於一九七四年時全面改為私立國民學校[2]；而印尼各國立大學各系，內部也有個不成文規定，即把

---

[2] 一九六七年六月七日頒布第三十七號訓令，印尼籍公民可以與外僑（華人）合作開辦特種民族學校，復於一九六八年一月十七日致文化與教育部長第十二號公函，說明准許華人，協助政府進行創辦，基於班查希拉五原理之特種民族學校。而「華人」即為特種民族之一。蘇哈托也對此種學校提出三項基本條件：一、全部理事必須非屬於印共「九、卅」份子。二、必須屬社會性質，並須基於班查希拉精神，於民族教育方面協助政府者。三、

華裔學生的比例控制在百分之十以下，在報考學校時還需填寫民族成份；華裔印尼子女有時還需申辦一份國籍證明，當他們辦理登記入學、辦護照、辦身份證時，都需出示此一文件，有時還需附上父親的國籍證明，以證明其為印尼人的身份（陳玉蘭 1998：59）；而且不准華裔保留本民族文化語言（即華語）[3]。這些種種對華裔印尼人教育上的限制，就如華裔印尼知名人士郭建義所言：「印尼政府的某些措施，仍然以種族出身為依據，對非原住民仍然有所歧視。」且華裔印尼律師葉添興也說：「華人從總體來說仍受歧視，我們沒有享受原住民所享有的權利。」（網頁：http://www.motherol.com/info/list.asp?id=58562004 年 2 月 2 日）不過華裔印尼人在文化教育上所受到的剝奪，到一九九八年後，有相當大的變化。

　　一九九八年印尼深陷東南亞金融風暴危機，經濟一蹶不振，加上排華事件的影響，在位三十二年的蘇哈托總統終於不敵內外壓力宣布下台。繼任者哈比比（BJ Habibie）與瓦希德（Abdurrahman Wahid）政府開始對華人政策作出調整，如開放黨禁、華人社團、

全部教師必須屬於印尼籍民。另外並規定特種民族學校學生須有百分之六十為印尼籍學生，每班須有過半數之印尼籍學生，學校課程需與公立學校相同。不過，一九七四年印尼教育部宣佈，將此種學校全面改成國民學校，乃因特種民族學校林立，已使地方政府感到不安，且用華文作為教學媒介，違反政府條例。（劉孝民 1979：110；張祖寬 1982：109）

[3]　華文教育被取消後，華裔父母將子女送至印尼各級學校就讀。據調查，有95%進入中小學就讀、50%進入高等院校就讀。不少華裔青年由於勤奮進取、成績優秀，考上公私立大學的醫學、物理、原子能、土木建築工程、工商管理、經濟貿易等系，畢業後則被分配到醫院、研究所、高等院校、原子能研究所等機構工作，不少人被華裔各企業及銀行錄用。這些都更加增強了他們對印尼教育的認同。（蔡仁龍 2000：226）

華文書刊、華語文教學等[4]。這也顯示出後蘇哈托時期受禁錮數十年的華裔印尼人文化教育將有新的發展與變化。至梅嘉瓦蒂（Megawati Sukarnoputri）政府時期，更是多次強調，為維護國家統一與民族團結，華裔印尼人不應當被視為「問題」，為了民族的團結，更要公平對待華裔印尼人（溫北炎 2001）。

　　換言之，後蘇哈托時期政府對華裔相關政策的開放，在印尼政治史上是前所未有的。事實上，這樣的發展也引發了相關華裔印尼人的「認同」問題的思考。而這思緒的背後，乃是因為所謂「中國興起」的影響。由於印尼華人早期由中國移入，現實上，有許多移民仍有親友在中國，情感上中國是移民的「原鄉」。在這樣的背景下，華裔印尼人與中國的關係自然受到關切，尤其是文化認同、政治認同以及經濟民族主義的問題（如至中國投資幫助中國的發展等（Christianto 1995; Leo 1995:193-215；轉引自李美賢 2004）。近年中國經濟的興起，是否可能重新引發華裔印尼人的「中國情結」（廖建裕 2002；轉引自李美賢 2004）。一如印尼原住民的看法，華裔印尼人的在地認同最大的障礙便是心向中國，強烈的「中國情結」，導致脆弱的印尼國家意識。

　　而以上的政治經濟背景變化下，勢將影響華裔印尼人的教育選擇。

---

[4] 瓦希德上任後曾向北京記者說：「希望今後印尼在生活上的各個領域都有華人的參與，不像以前那樣受到不公平的對待」，又表示：「將開放更多領域讓華人參與，使華人完全融入印尼社會」，並呼籲「華人協助印尼原住民從事工商業」。而其顧問法德魯坦承印尼政府對華人新政策的考慮因素，是為了吸引尤其在一九九七至九九年動亂期間，華裔印尼人所調至國外的巨額資金回流。（工商時報 2000 年 10 月 25 日）

　　後蘇哈托時期的印尼國家教育體制，仍建立於班查希拉與一九四五年憲法的基礎上。學校制度乃依憲法規定所設，採用單軌型的六、三、三制。印尼人民受教育的途徑有二種，學校教育與校外教育。（印尼教育部，網頁 http://www.pdk.go.id/）華裔印尼人除了可以選擇上述的正規教育之外，另有一些後蘇哈托時期興起的私立學校 NATIONAL PLUS SCHOOL 與國際學校，這些學校除了將憲法第三十六條規定印尼語作為教學用語之外，另加以英文或華文作為教學媒介。此外，華語文的補習教育在蘇哈托下台後如雨後春筍四處林立。

　　本研究主要探究，在前面提到的後蘇哈托時期巨大的時空背景變化下，對於這些移民自中國的華裔印尼人，在面臨教育選擇時，會做出何種教育選擇？換言之，不同的社經背景、不同的「印尼在地經驗」以及不同的「原鄉經驗」，勢必影響不同的教育選擇，即，所選擇的教育是傾向「在地化」或是「原鄉化」或是與二者無關的「國際化」。

二、政治認同、族裔認同、工具理性：後蘇哈托時期華裔印尼人的教育選擇

　　本研究透過滾雪球方式選取訪談對象，並採用半結構式訪談法訪問二十九名雅加達地區華裔印尼家長及學生，運用預先擬定與研究主題相關的訪談導引，有系統的詢問開放性的問題，深入了解後蘇哈托時期華裔印尼子女之就學取向，進而釐清家長或子女選擇的教育選擇，向受訪者提出各個有關教育選擇面向，即「華語/方言是否為日常生活用語」、「子女學華語之目的」、「原鄉經驗之有無」、

「對印尼教育之看法」，以了解不同的社經背景、不同的「印尼在地經驗」以及不同的「原鄉經驗」，如何影響其教育選擇——所選擇的教育是傾向「在地化」或是「原鄉化」或是與二者無關的「國際化」。

受訪者共有二十九名接受訪問。二十九位受訪者中，有十七位為男性，十二位為女性，夫妻合計則共計二十六個華裔印尼家庭。三十一歲至五十歲之間者居多，有二十二位。年齡於五十一歲以上者，有五位。筆者依家長年齡分為兩組，五十歲以上為年長組；五十歲以下為壯年組。教育程度方面，大專院校以上者有二十六位，高中、職畢業者有二位，國中、小畢業者僅有一位。受訪者的職業狀況，男性受訪者大多為工商服務業企業家或中高階主管或相關從業人員，女性受訪者過半數為家庭主婦[5]。經訪談後得知，其丈夫皆為中小企業老闆，從事成衣業、電腦業等。其餘女性的職業分別是華文老師、中高階主管、代書、大學生。研究發現，由受訪者的背景資料、教育程度、職業狀況，及居住地點，此外本研究在田野調查的過程中發現，華裔印尼人的經濟能力也是判斷因素之一，但由於「經濟能力」為敏感話題，因此筆者輔以受訪者家庭之住所大小作為判別[6]，此項推斷筆者有與部份華裔受訪者共同討論。故推

---

[5]　「就我所認識的一些太太，他們大多是家庭主婦，每天就載小孩去上學，之後再去接他們下課，下午就載小孩來補習，自己就趁這幾小時的時間，跑去這附近的 Puri Mall 買東西，或者問我這附近有沒有 Salon，他們想去洗個頭、做個臉之類的，回頭剛好接小孩下課……有些 Ibu（太太）都已經到新加坡念完碩士了，可是回到印尼後，也是嫁人，在家相夫教子……」（A02陳女士）

[6]　一位印尼學者曾經這樣描述城市的華裔印尼人居住方式的變化：「華人生活方式變化的一個重要表現，就是許多華人從華人街搬出來，到城市的郊區購置房產或自己建別墅居住，他們認為，唐人街適合做生意，但不適合居

斷本研究所採訪的華裔印尼家庭，在印尼社會中，屬於中上社經地位者有七個受訪者家庭，其餘十九個受訪者家庭屬於中社經地位。在研究過程中，由於發現華裔印尼受訪者家庭皆表示其第二個小孩／第三個小孩未來都是跟著第一個小孩的模式就學（從幼稚園至高中，甚至到大學或國外留學），因此，本研究基本上，以了解家中第一個小孩的就學狀況為訴求。筆者整理與歸納受訪者之意見發現，共有二個受訪者家庭選擇「在地化」教育；二個受訪者家庭選擇「原鄉化」教育；二十二個受訪者家庭選擇「國際化」教育。以下筆者將依據訪談資料進行歸納分析，即什麼樣的家庭作出哪樣的教育選擇？原因為何？

（一）在地政治認同與「在地化」教育

誰選擇「在地化」教育？為什麼？

依據訪談資料顯示，在二十六個受訪者家庭中，共有二個家庭選擇「在地化」教育。他們選擇在地化教育並非基於「無奈」（如，

住。他們的鄰居可能是從其他小城市，如棉蘭或坤甸等地遷來的華人。住在這些房子的一般都是核心家庭，老一輩不住在一起，只是特定時刻才會在一起團聚。這些中產階級的生活方式的一個重要特徵就是家家戶戶都裝備了電視接收器，能夠收看世界各地的電視節目。華人選擇居住的地點與方式不僅取決於種族分離，其他因素也起相當作用，如附近是否有警察局、社區內是否有守衛、是否有高爾夫球場和健身中心等等。也有一些華人與原住民住戶為鄰。」（曹云華 2001：178-179）筆者在田調過程中發現，雖然是同一社區的居民，但社區中房屋大小並不相同，位於大馬路邊的房屋往往是社區內普通房屋的三、四倍，有的內部有自家泳池或兩個以上的車庫。有受訪者告訴研究者：「這裡的華人，若是有錢的話，對自己房屋大小或裝潢都不會吝嗇……」（A02 陳女士 2004 年 5 月 4 日於自宅）

無法負擔其他類型的教育），相反地，對印尼現有的教育體系、環境設備等，皆有非常正面的評價。如二位受訪者所言：

> 「蘇哈托下台之後，教育體制的確有比以前開放許多⋯⋯他
> 們（指自己的小孩）在印尼念的學校，學校環境、師資還有
> 設備，甚至是課外活動，我覺得都還不錯⋯⋯這裡私立學校
> 也有不錯的，當然公立學校很好的也是有，像她（指A16 蕭
> 小姐）現在讀的大學就是電腦這方面比較有名⋯⋯我是沒有
> 打算讓他再去回中國讀書，孩子大學畢業後就要出去找工作
> 了⋯⋯」（A15 蕭先生）

> 「對小孩的教育，我的最低限度就是讓他在印尼讀完大學，
> 其實印尼的學校教育就跟家教（補習教育）一樣的重要，所
> 以我都很重視。他們現在念的學校，學校環境、師資還有設
> 備，我覺得都還不錯，所以不會考慮讓他們出國留學，也不
> 會回中國讀吧⋯⋯」（A17 李女士）

政治認同

這二位受訪者，此般的正面評價，較之其他受訪者，顯得相當
特別。筆者認為，受訪者所經歷的政治認同轉變，及現今高度的在
地認同（落地生根的觀念），是重要的影響因素。

> 「我們生於斯，長於斯，將來也會死於斯，我們永遠都是印
> 尼的公民。我不認為美國、日本，甚至中國或台灣會歡迎我
> 們的子孫在那邊工作，除非是當個傭人。歷史證明華僑愛國，
> 熱心獻身捐錢予祖國，但每當華僑華人遭殃，遠水也救不了

> 近火,例如泰緬於二次大戰時,諸多殘軍都老死當地,中國
> 與台灣也都沒有對他們有所照顧……」（A15 蕭先生）

> 「我們是土生土長的印尼華僑,我們已經把印尼當作第二故
> 鄉,恩……應該說是故鄉……印尼的政治經濟都有待努力地奮
> 鬥,其實人跟人之間要溝通,互相尊重,我們華族在商界、政
> 界也要爭取地位,享受同等的權利。」（A17 李女士）

　　他們的認同傾向,事實上非常符合一些學者對華裔印尼人認同
的觀察。華裔印尼人政治認同的轉變,開始於一九五〇年代初期,
至一九七〇年代末,蘇哈托加快解決華裔入籍問題的步伐,才最終
完成大部份華人在政治上認同已從中國轉為印尼（溫廣益 1986：
181；轉引自曹云華 2001：225）。因此,一般而言,華裔在取得居
住國的公民權之後,其政治認同也相對發生變化,從過去原有的認
同中國轉變為認同居住國,產生了「落地生根」的心理狀態。

　　有趣的是,家長本身皆受過華校教育（親共華校）;方言（客
語、粵語）為家中日常生活用語之一;同時也讓子女補習華語。對
此一現象受訪者認為華人文化歷史悠久,加上中國興起,對中國成
為世界要經濟體的觀點,有影響其華人意識,因此鼓勵子女應須學
華文。

> 「我會讓他們學華文,就是因為中國文化的歷史悠久,而且
> 我們是華人,今天中國的成就,真的使我們華人感到驕
> 傲……」（A17 李女士）

　　不過這種政治上認同及效忠印尼,文化上認同中華文化的現象
其實是自然的,因為多重認同的現象可同時出現在一個人的身上,

並行不悖；此現象在華裔東南亞人身上尤其普遍（曹云華 2001：
234）。不過顯然的，我們從這二個受訪者的談話，我們清楚看到，
政治認同與文化認同之間的界線，而顯然地，其教育選擇深受政治
認同影響。

簡言之，選擇「在地化」教育之華裔受訪者家庭，皆為年長組
的中社經地位家庭。中社經地位的年長組華裔受訪者家庭，政治認
同是印尼。且，認為印尼的學校並不差，相當滿意現有的教育環境；
此外即使有原鄉經驗也不會影響其教育選擇。

（二）中國情結、華人優越意識與「原鄉化」教育

誰選擇「原鄉化」教育？為什麼？

根據訪談資料顯示，在二十六個受訪者家庭中，共有二個家庭
選擇「原鄉化」教育。他們皆具有中等社經地位，五十歲以上，受
過華文教育，會說會寫華語；華語/方言為家中日常生活用語之一。
政治及文化上，具強烈的華人優越意識，對印尼土著帶有歧視或偏
見，強烈的中國認同。

中國情結，強烈華人意識的來源

由於印尼華人早期由中國移入，現實上，有許多移民仍有親友
在中國，情感上中國是移民的「原鄉」。在這樣的背景下，華裔印
尼人與中國的關係自然受到關切，尤其是文化認同、政治認同以及
經濟民族主義的問題（如至中國投資幫助中國的發展等）
（Christianto 1995; Leo 1995:193-215；轉引自李美賢 2004a）。雖然
這些長期居住在印尼的中國移民，有不少在這個國家賺了些錢，過
比印尼人（native）好得多的生活；但大多數人仍保留自己的文化、

生活方式和價值觀，他們甚至看不起當地民族，自視高人一等。因此，華裔印尼人對印尼祖國的感情也常遭人質疑（曹云華 2001：87）。在中國興起這樣的背景下，一些華裔印尼人的認同卻也跟著起了微妙的變化，由受訪者的談話，透露了這樣的現象。

> 「我常去中國接洽一些生意，我看著他們的進裡與發展，真的跟以前已經不太一樣了……我記得我踏上萬里長城的那一次，心裡真的很激動……我們本來就是華人，中國今天已成為一個經濟大國，我想世界會日漸認同我們中華文化的優秀。而且我怕他們變成馬來人，所以一定要他們學華文。我在這裡（印尼）選學校時，我怕我的小孩在學校會受到欺負，所以，我還會看他們學校班上華人的人數多不多呢!」（A18 陳先生）

　　華裔印尼人的在地認同最大的障礙便是心向中國，強烈的「中國情結」，導致脆弱的印尼國家意識。

　　足見中國在世界顯露頭角的事蹟，似乎依然深深牽動已是印尼公民的華裔印尼人的認同傾向，而這認同背後正是所謂的「炎黃子孫」的驕傲，且中國經濟的快速成長，國力的不斷提升，讓中國得到新的詮釋，獲得新的尊敬，這正如某些學者所言，中國經濟的興起，有可能重新引發印尼華人的「中國情結」。（廖建裕 2002；李美賢 2004a）

> 「對於中國的發展，我們非常的樂觀，中國現在真的跟以前不一樣了，那個建設做得又快又好，又成功申辦二〇〇八年

奧運……我們身為華人真的感到相當驕傲，中國人真是為我
們華人爭光。」（A21 W 先生）

優越的「我們」華人 V.S 卑劣的「他們」印尼人與原鄉化教育

對於許多中國華人而言，任何一個中國後裔的人都是龍的傳
人，即使他是在別處（如美國）出生長大。這種觀念導因於強烈的
民族優越感，凡是「中國」的事物都是好的，教育上更不用說了。
換言之，在許多印尼華人的內心，有強烈的「我們」、「他們」的族
群界線，強調優越的「我們」華人及卑劣的「他們」印尼人。（李
美賢 2004b）

> 「像印尼最近通過的國民教育法，要將宗教摻入教育界，想
> 將教育回教化，這樣的信仰宗教，並不是在保障好人，印尼
> 部份地區還會因個人或私人利益而蓋上宗教的帽子。教育活
> 動不要參入政治、宗教、做生意等種種目的，這樣教出來的
> 學生，不單聰明還會有好的品德。當前發生的危機，最主要
> 就是道德問題，所以教養也不可以忽視。中國的道德觀就是
> 比較好，所以，他們大學畢業後，我還要讓他們到北京去學
> 華文」（A18 陳先生）

對這些認為華人具有優越本質的華人而言，他們往往更認定在
智識與專業競爭上，華人更是始終的勝利者。

> 「這裡國立大學有限制，私立大學品質又參差不齊……雖然
> 說印尼大學若開放的話，考上的一定大多是我們華人子弟，
> 但是我想這是我們華人本來就比他們印尼人還努力、還具有

頭腦嘛……他們印尼人就是太容易拿到學位，結果所具備的
才能也不如我們華人……」（A21 W 先生）

中國／華第一

因此，對許多華人而言，無論是精英階層或是普通民眾對於一
個「大中華」[7]在世界競爭中的最終勝利均表示樂觀（劉見林 2003
華盛頓觀察週刊網頁：http://washingtonobserver.org/big5/BooRev
-terrilll-070203CN41.cfm）。這樣的心態，再加上近年來中國改革的
開放，以及經濟發展，華人的優越感很自然地再度被挑起，並且認
為中國今日的成就並不輸給其他歐美國家，既使教育環境也是如此。

「現在中國這麼發達，我們身為華人，當然要到華人的地方
受教育，中國當然就是第一選擇啦，對我的小孩來說，我們
也希望他有個美好的未來，而且在中國讀書發展性也比較大
嘛……要叫他去別的國家讀書，老實說，我們不放心而且也
沒想過。」（A18 陳先生）

「中國的發展潛力，我覺得比在這裡好太多了……像北京跟
上海，那裡的建設還有他的消費，整個大環境，我想應該不

7　「大中華」這個名詞的出現更顯現了中國的影響力（Harding 1993；轉引自
呂俊甫 2001：21）。從文化的觀點來看，「大中華」包括了中國大陸、台灣、
香港、及世界各地的華人社區（Tu 1991；轉引自呂俊甫 2001：21）。就如
Shambaugh 在 1993 年指出：「冷戰結束後，我們看到國際關係的重組，新
的角色及新的國際關係出現在世界舞台上。這些新的角色及國際關係的樣
式重新塑造了冷戰時期後的熟悉度。『大中華』的出現就是從這個新的現實
衍生出來的……大中華包含了不同角色、空間及過程。這些加起來就可能
成為對地域及國際情勢穩定的挑戰。有些人早已認為『大中華』是這個世
界下一個強權。」（Shambaugh 1993：653；轉引自呂俊甫 2001：21）

輸新加坡吧，現在中國也有很多外資在那裡，而且中國宣稱
教育要與世界接軌，呵呵……所以現在我們就是讓我女兒到
北京語言文化大學去讀書，我們覺得這樣對我女兒未來的發
展也比較好啦！」（A21 W 先生）

簡言之，選擇「原鄉化」教育者為中社經地位較年長者，具有
強烈的中國情結與華人優越意識。讓子女補習華語是由於華人的文
化歷史較悠久且優越，這種心態更受到中國興起的催化。對於中國
教育環境與未來發展頗具信心，對印尼教育環境則是抱持負面觀
感，因此，希望子女至「原鄉」接受良好的教育及優良文化。

（三）工具、理性與「國際化」教育

誰選擇「國際化」教育？為什麼？

根據訪談資料顯示，在二十六個受訪者家庭中，共有二十二個
家庭選擇「國際化」教育。他們多數具有中或中上社經地位。

選擇「國際化」教育的華裔受訪者，由於具備三項觀點，因而
選擇「國際化」教育即，對印尼教育環境不滿意、對印尼政治不安
定感、並無強烈中國意識。

對印尼教育環境不滿意

印尼教育界存在之亂象，可謂罄竹難書。舉例來說，教科書價
格日趨昂貴，質量也難有保障，且出版商互相「借鏡」，為避免抄
襲之嫌，一般總會做些增刪及修飾，但有時卻鬧出不少繆誤；教科
書必須每年更換，而複印補充之教材也不少，「必購」與「迫購」
之間毫無界線。校方也常假借名目，向家長索取雜瑣費用，例如，
除了買成績冊外，還須繳填寫費，另外還須繳名目繁多的窗簾布

捐、教師桌布捐等；座位捐常美其名為建校捐或家長自願捐，以前座位捐繳完後，仍須繳交學雜費，現在則是有眾多學校在五月份考試前向家長廣發通知，限期繳交由校方規定的考試費及高額重新登記費，若逾期則未來新學期「貴子女」將在該校「除名」。雖然有關當局曾宣告嚴禁徵收入學捐，及嚴懲違規者，但學校的入學捐每年調漲，毫無收斂跡象；高中國家畢業考試（UAN）有關報名表格中，父母職業及學歷、收入欄，也出現普遍作假行為，原因是學生擔心校方在甄選時會「錢眼」大作怪，若經濟條件好，在錄取率會更勝一籌（芮聲 2003：16）；此外，國家考試往往弊端叢生。國考制度每年不知耗費多少國家預算教育基金，從中央到校方手中的過程，還極易發生弊端。如悉，每個省區可從中央手中獲得七十億盾的國考經費，但當落到校方手中時，只剩七十萬盾。如此一來，為不法官員提供不知貪污機會（世界日報 2004 年 4 月 13 日）；此外，國立印尼大學、萬隆工學院等六家大專院校於二〇〇三年起，開創具爭議性 JALUR KHUSUS（特殊管道或特別途徑）的招生方式。此方式乃是以億盾計價的招攬新生，其他條件就特別寬鬆、空前方便，這種高校直通車，雖遭到大學生及印尼國會微詞，但有關各校仍一意孤行（芮聲 2003：16）

就訪談資料顯示，選擇國際化教育之華裔受訪者認為，印尼教育體制的問題可歸為以下幾類：

1. 腐敗的教育體制

> 「印尼這邊的學校就是這樣，會有一兩輪的篩選，到第二輪若再考不進，學校就跟你說，沒名額了……之後就看你能砸

多少錢……校長就是握有那個名額，你要的話，就標囉。」（A02
陳女士）

2. 教育觀念老舊

「我覺得因為現在有些政府閣員，仍有許多是之前蘇哈托政
府所留下的，觀念依然老舊。教育改革要推動起來也不是這
麼容易，有經濟能力的家庭，我想都會讓小孩到國外讀書
的……」（A08 L 女士）

「對於印尼本身的教育制度而言，我認為就是由於政府太過
有自信，其實課程應該更改並加以簡化，使學生能知其意義。
應減少學生們的寫作及背誦，但仍要啟發學生們的心智，這
可藉由各種的練習、訓練及計畫來啟迪，而且也應傾聽學生
們的心聲，不要僅遵循一貫的教育政策……」（A26 L 女士）

3. 教育品質低落

「印尼這邊的大學教育程度很慘，說 quality，質量阿，是質
很少、量很多，素質上真的跟國外的大學來比較的話，真的
差很多，他的教材、科技、儀器、師資上真的差很多，買文
憑的也是有啦……國立大學就那間 UI 就很不錯，素質很好，
不過對華裔還是有限制，現在好像還是百分五還是十五的……
這邊的私立大學，呵呵，可以說念念就好。」（A14 藍女士）

4. 課程品質無法推陳出新

「學校課程並未有何重大改變，且也不是有利於小孩的發
展。教育當局都不知這些課程，其實對小孩的發展是相當重

要的……印尼的大學大多脫離現代化教材，素質低，與國際
上的學校根本無法比……國立大學對華人又有限制，所以我
們還是考慮未來要讓小孩出國。」（A24 M 女士）

5. 師資差

「印尼本身的教育體制仍有待改善，像課程、老師素質等方
面。老師這個行業，因為薪水很低，很多人都不願意教書，
所以沒有好的人才要教出好學生是比較困難的。有的老師甚
至還會兼差，在課後補習等等，否則在雅加達這種物價比其
他地區高的地方，實在很難養活自己……」（A27 H 先生）

6. 教材費亂收

「獨立（私立）的學校由於不用負擔中央政府龐大的負債，
因此資源顯得較為充足豐富……小學的科目相當多，且年年
換版本，因為如此，才能圖利廠商（指定印刷廠）嘛」（A29 B
先生）

換言之，選擇「國際化教育」。很重要的原因在於印尼教育體制
及品質本身問題。在經濟上有能力者，往往會選擇「國際化」教育。

政治的不安定感：緊張的族群關係

戰後半世紀以來，儘管百分之九十八的華裔印尼人皆已加入印
尼國籍，成為當地國家的一個合法公民，他們也與印尼人一起積極
投身於印尼的經濟文化建設，為印尼的繁榮作出貢獻，然而他們的
忠誠度仍常受到質疑，一有問題就會有人拿華人問題大作文章，小
題大作。廖建裕教授便曾表示，「儘管戰後印尼經歷不同的歷史時

期，當地民族的政治派別和集團也不斷地分化和重組，他們的政治立場與觀點也有很大的差別，但是，他們在華裔人問題上所持的觀點和立場卻有驚人的相似之處，幾乎如出一轍。」（Leo 1986：46；轉引自曹云華 2001：89-90）尤其是當統治階級遇到政治經濟危機時，華裔印尼人常被一些別有用心的人當作替罪羔羊：物價上漲就抗議華裔壟斷零售業；伊斯蘭教基本教義派要宗教復興，就拿異教外邦人（華裔）開刀；無法進入警察局抗議司法不公，就搶華商店家洩恨，如此一來政府便達到轉移人民視線，轉嫁危機的目的。而且絕大多數排華暴動多發生在大都市或城鎮，且每隔一段期間便會定期「發作」，這也顯示出華裔與當地族群間緊張關係是持續存在的常態（孫采葳 2004）。

新加坡學者陳達生亦說，「東南亞的民族主義近年來的發展是戴上濃厚種族主義色彩，首先遭殃的便是華人。」（陳達生 1977：126；轉引自曹云華 2001：102）關於華裔的資訊在印尼社會中不僅缺乏還被誤解，華裔總是被視為「其他」。據二○○一年印尼國民教育部基礎能力課程中，仍未將中華文化納入課程，且歷史課本中從一九五九年以來的國家英雄，也未包括一位華裔（Asvi Warman Adam 2003）。所以，儘管華裔已在印尼生活好幾代，他們已不懂華文，放棄華人的生活和習慣，甚至連名字也是印尼人的名字，在他們心中一直把印尼當作自己唯一的祖國。但是，因為他長著與印尼當地人不一樣的眼睛和皮膚，他仍然被認為是中國人，他對印尼的忠誠度仍不可靠（曹云華 2001：91、114）。

以上這些緊張的族群關係，也從訪談者的談話中得到印證：

「我們身為一位華人，卻始終被認為是一位外國人而非當地人（native），政府在處理教育、管理行政、公民身分、稅務及種族等諸多問題上，都有差別待遇。假如我們規劃成外國籍時，我們自己也不會滿意這種情形。因此唯有我們受更高的教育、更努力地工作，我們才能做好有利的投資，以利自己的生活。」（A01 張先生）

「九八年的排華暴動提醒了我們這些華人，我們在印尼生活並非相當安全⋯⋯所以，如果有足夠的錢，我會讓我的女兒至新加坡讀書。」（A03 S 先生）

「九八年的排華，很多華人都遷移至國外。蘇哈托下台後，我們也發現到諸多的中華文化漸漸開放。在此同時，也能感受到印尼在政治、經濟各方面的不確定感。所以，我們還是要做好準備，有能力的話就讓小孩出國受良好教育，以免將來又遇到排華事件時，什麼都沒了⋯⋯」（A05 E 女士）

「在印尼生活有種不安全感，感覺依然有機會再度爆發排華暴動。所以還是要讓小孩受好一點的教育。」（A06 H 先生）

「九八年排華事件後，我覺得對於我的小孩而言，無論學校制度是否有改善或是變好，這些都不是長久的安全，也許還會再爆發排華也不一定，所以未來我如果有機會，我還是會選擇其他國家的國籍，我想這麼做，都是為了我小孩好。」（A10 D 先生）

「在九八排華時，當然我們曾受過創傷，我們曾發生財務問題，也影響到我們的生活，所以，我們相信在印尼沒有什麼事是可靠的。印尼人（native）與華裔印尼人仍然是很難共同相處。讓子女受好一點的教育，對他們來說也是一種保障。」（A28 D 先生）

「去華化」的華裔印尼人：學中文只是工具性目的

經歷九八排華後，緊張的族群關係對立似乎更加升溫。但微妙的是，「中國興起」並未對他們產生認同上的效應，亦即，為何這群華裔印尼人不選擇原鄉化教育呢？

細看這一群華裔，多為五十歲以下在印尼出生，成長於蘇哈托主政的印尼「發展期」。他們大多從小接受當地教育，若有受過華校教育者時間也不長，與年長組（五十歲以上）的出生成長的環境背景大不同，有學者將之稱為「新華人」（曹云華 2001）。他們在政治上認同當地國家，在民族認同與文化認同上也有差異性，有些認同當地，有些則是認同華族和中華文化，但為數不多。在此情形下，原鄉經驗不太會勾起這代華裔的鄉愁。其中多數希望子女能習得華語，乃是對中國經濟興起的一種務實因應，有感華文於國際地位日重，印尼與中國交往日深[8]，尤其中國進入 WTO 後，市場逐步

---

[8] 一九九〇年復交以來，雙邊貿易額增長較快，復交當年僅為十一點八億美元，二〇〇〇年達七十四點六四億美元，比上年增長百分之五十四點五。兩國雙向投資和技術合作也已起步。一九九〇年十月，兩國簽署了《關於成立經濟貿易技術合作委員會的備忘錄》和《經濟貿易技術合作會談紀要》，迄已召開五次聯委會會議。一九九四年十一月江澤民訪印尼時，雙方簽署了《關於促進和保護投資協定》及《科學技術合作諒解備忘錄》；一九九六年六月中國保險印尼有限公司在雅加達開業。雙方還經常舉辦各種工業、貿易、投資等展覽及研討會。兩國在文化、科技、教育、衛生、軍事、

開放，並取得穩定的高度成長後，在東亞之政治、社會與經濟上逐漸發揮主導的地位。換言之，這些華裔印尼家長驚覺中國是個不容小覷的國家，因此紛紛要求子女補習華文。有位學者便提到「學生之所以要學中文，原因是中國提供商業契機，了解中國語文是一把利器」（曹云華 2001：339）。因此對這些選擇「國際化」教育的華裔印尼人而言，習得華語乃是為了未來在生意上能有所運用，與華人身分認同並無太大關聯。也因此，「原鄉」對他們並無特別的意義，「原鄉化」教育也就不被青睞。

> 「就我所接觸的新一代雅加達華人父母啊，其實新一代的華
> 人已經不會分什麼親中還是親台……也許上一代念過親共華
> 校、親台華校的那一輩還有，我們現在已經沒有這個概念了，
> 沒有什麼中國意識、台灣意識……像去中國經商，會把小孩
> 一起帶過去讀書的，不能說沒有，不過還是少數，畢竟語言

宗教、旅遊、礦能、交通、農業和林業等各領域交流與合作得到進一步發展，互訪團組不斷。雙方為加強在上述領域的友好交往與合作簽署了一系列檔。其中，一九九一年一月，兩國在雅加達簽署《中華人民共和國和印尼共和國定期航班協定》。中國國際航空公司、南方航空公司和印尼鷹記航空公司均開闢了兩國直飛航線；一九九二年一月，中國廣播電影電視部與印尼新聞部簽署《關於新聞合作的諒解備忘錄》。根據該檔的有關條款，新華社和印尼安塔拉通訊社分別在雅加達和北京開設分社，雙方還於一九九四年啟動互派留學生專案；一九九二年七月，印尼－中國經濟、社會、文化合作協會成立，中國－印尼經濟、社會文化合作協會也於一九九三年八月成立，雙方並簽署了《關於兩個協會合作的諒解備忘錄》；1994 年兩國還簽署了《關於促進兩國旅遊合作的諒解備忘錄》、《關於衛生合作的諒解備忘錄》和《關於體育合作的諒解備忘錄》。二〇〇〇年七月，兩國簽署《中印尼刑事司法互助條約》。二〇〇〇年九月底，中國政府正式批准印尼成為中國公民出境旅遊目的地國。（中國駐印尼大使館網頁：http://www.chinaembassy-indonesia.or.id/chn/3120.html）

對小孩來講是個很大的問題，印尼的學生看英文字很快，組
合英文字就很快，每天都是 A,B,C，所以像他們在學西班牙
話、英文就很快，不過對中文就差個十萬八千里……」(A02 陳
女士)

「我覺得中國的學校他們的教學資料還是明顯不足，不像其
他歐美、新加坡的學校都已經有詳細的升學資料了……而且
印尼這邊的華人還是有語言（華語）障礙，我覺得會去中國
讀書，只是因為學費比較便宜吧……」(A01 張先生)

因此，具體而言，讓子女華文補習，工具性誘因多過本身華人
屬性的思考：

「其實我不會勉強我的小孩學華文，他們只要會聽一些會寫
一點也沒有關係。會讓小孩學華文，是因為（中華）文化，
也因為未來的趨勢，亞洲國家正逐漸興盛，而且未來可以與
中國做生意……」(A01 張先生)

「因為我們發現中國經濟成長迅速，這點使我們願意讓小孩
學中文。」(A05 E 女士)

同時期待，透過華文的學習，能夠在經濟全球化與貿易自由化
的時代裡受益（谷容 2003：74）：

「在這種全球化的環境而言，學習華語對於小孩而言是一種
優勢。」(A08 L 女士)

「讓他們會讀寫華語，將華語當成第二外國語，未來在商場
上必會用到。」(A26 L 女士)

此外，父母對子女學簡體中文或繁體中文也無特別意識形態上的堅持，反而以「容易學」做為選擇的標準。這樣的情形也顯示出這些父母讓子女學中文，純然是工具性的意義。此段的工具性，可由這一群人的成長背景進一步來理解。新一代的華裔父母多出生與成長在蘇哈托執政時期，由於當時的強迫同化政策（尤其以雅加達地區最為徹底），因此該學簡體字還是繁體字，對這些父母而言都一樣，反而簡體字書寫容易，多數父母會認為其小孩較易習得，而且若考慮未來將小孩送至鄰近新加坡讀書或與中國有生意往來，其便會選擇新加坡華文教材或其他中國出版的簡體字教材版本。

簡言之，偏好選擇「國際化」教育華裔受訪者家庭，乃是對印尼教育體制的不滿，對印尼政治的不安，以及並無強烈中國意識，當經濟能力許可時，「國際化」教育是其子女規劃教育的首項選擇。故為子女規劃至國外求學。而「中國興起」對這些選擇「國際化」教育的華裔受訪者家庭在認同傾向上並無明顯的影響。讓子女學華文，多是工具性誘因，少中國意識或認同因素。此外，選擇 National Plus School 的華裔受訪者家庭仍是以中上社經地位為主，乃因 National Plus School 的學費仍較一般當地學校貴上許多，相對學校所能提供資源也較國際化，因此這些家庭，便會先讓子女在當地先接觸英語教學環境，為未來留學作準備。

三、結論

翻開華裔印尼人於印尼的教育史，我們可以發現華裔受教的問題，並非僅是單純的教育問題，而係受到印尼當地政治、經濟、社會整個大環境的影響，隨政府對華裔政策的寬嚴而有某種程度的變化。

　　荷印殖民時期，「國際化」教育由於是統治階級的教育，在政府鼓勵優惠下，博得諸多想於印尼發展的華人青睞，而「原鄉化」教育，以及「在地化」教育也各地擁有一片天。儘管日本佔據印尼時，「在地化」教育、「原鄉化」教育、「國際化」教育皆飽受摧殘，但自印尼獨立後也慢慢復興。而中國對日抗戰成功，華裔民族情感激昂，也激發華裔興辦華校，後來由於新中國的成立，華校分為親共與親台兩派，加上中（國）印建交，使得「原鄉化」教育在蘇卡諾在位時達到顛峰，但也由於華校具有濃厚政治色彩，引起當局注意，因此一九五七年始，便開始對華校展開限制政策，諸多華裔印尼人在沒有選擇的狀況下紛紛轉向讓子女接受「在地化」教育。換言之，新秩序時期由於蘇哈托政府的諸多的歧視政策限制，「原鄉化」教育可謂是消失殆盡，「在地化」教育則成為主流。

　　後蘇哈托時期，印尼進入民主開放改革的階段，華人接受華文教育議題再度成為熱門的議題，此外，除了原本即有的印尼教育外，新興的 NATIONAL PLUS SCHOOL 與國際學校，都是華裔印尼人可以選擇的教育機會。

　　在眾多的可能性與選擇中，誰選擇哪一種教育？原因又為何？筆者從訪談二十六個華裔印尼家庭過程中發現，後蘇哈托時期選擇「在地化」教育者以中社經地位年長組的華裔印尼人為主，儘管他們曾受過華校教育，文化認同上屬於中華文化，但由於他們本身具強烈的在地政治認同，進而對印尼教育環境有正面觀感，因而讓子女從小到大皆在印尼受教。即便他們也都具有原鄉經驗但仍不會影響其教育選擇，依然選擇在地化教育。

　　而後蘇哈托時期選擇「原鄉化」教育者，同樣是中社經地位年長組的華裔印尼人。家長本身接受過華校教育，在家也以華語／方言為日常生活用語。他們具有強烈中國認同情結，中國的興起勾起

他們對中國的孺慕之情，中國經濟的興起也使他們華人意識更加高漲。加上原鄉經驗對進一步催化他們的華人驕傲感，為子女選擇「原鄉化」教育，似乎成為一條最「正確」的路。

自印尼獨立以來，讓各種族群接受一體的國家教育一直是國家的政策。但後蘇哈托時期，中社經地位年屆壯年的家長已趨向為子女選擇「國際化」教育。以訪談個案多為雅加達地區而言，首都雅加達，在經濟上顯現的是外國投資的投入，特別是來自其他東南亞國家的外資，且具有一種特別地、影響每個人的「雅加達文化」是一種國際化。而這種「國際化」文化特別影響年輕的一代（陳玉蘭1998：56）。因此，雅加達的華裔社會有其獨特的屬性，商業特性、西化傾向比印尼其他城市都要來得高，加上後蘇哈托時期後，資訊各方面流通的也較為快速。此外，他們對印尼教育體制的不滿，對印尼政治的不安，尤其九八年排華已在他們記憶上深深烙下烙印，加上他們並無強烈中國情結，中國意識較中社經地位壯年組薄弱，更少人具有中國興起而使其華人意識高漲，故此，使得這群中產階級年輕一代選擇「國際化」教育。雖然他們也讓子女學華文，雖有人認為是華人因素之考量，但大多仍覺得是肇因於中國興起的工具性誘因，亦即將華語視為工具，有助於將來就業或經商。此外，後蘇哈托時期，選擇 National Plus school 的華裔印尼人仍是以中上社經地位為主，由於本身資源條件較豐，因此會讓子女在印尼時先接觸到整套由國外進口的教材與英語教學環境，以後再送出國讀書。

從訪談資料中，我們可以發現華裔印尼中小學生仍是以鄰近的新加坡或是澳洲為首選，因為新加坡與澳洲幣值相近，兩國之留學費用也不相上下。不過有些家長會認為新加坡是個華裔為主的國家，且新加坡的治安與交通各方面的設施，都可以使其子女安心讀書，加上新加坡與印尼雅加達兩地距離不遠，若要探望也相當方

便，因此許多華裔印尼人選擇讓子女在中小學階段時到新加坡，大學時再轉往歐美國家或澳洲。而於大學階段留學者（即高中畢業出國），仍以留學歐美或澳洲居多。

上所述，後蘇哈托時期，正值改革開放之際，「在地化」教育、「原鄉化」教育、「國際化」教育，雖為華裔父母帶來多種教育選擇的機會，但「國際化」教育，卻是中產階級年輕一代父母趨向的選擇，而筆者認為這些有經濟能力的華裔印尼人，在為子女作出最佳的教育選擇「出走印尼」的同時，也正意味著雖身為印尼公民，但對印尼國家發展的現狀似乎是持著「不能改變」也「不想改變」的態度。「不能改變」意指著長期以來，華裔在印尼是少數，卻是政府歧視政策下最大的受害者；儘管後蘇哈托時期華裔已經可以組織政黨參與政事，政治地位也較以前改善，但諸多歧視法令仍尚未廢止，如國籍證的使用（政府當局雖有口頭廢止，但在多數城鎮仍在使用），多項歧視條款的存在等等，這些對華裔而言，長期以來都是無力改變的狀況。

而「不想改變」則是意味著華裔印尼人雖身在印尼，卻沒有生命共同體的概念，就這群有經濟能力的華裔而言，族群關係的緊張使他們早已做好準備，一有風吹草動便隨時準備出走，等局勢稍稍穩定之後，看情勢伺機而動。他們在印尼往往僅是為了生活和生意上的需要，追求經濟上的富裕，對於政治仍是抱持冷漠的態度。當局的態度與現有的教育體制或任何不公平的狀況，他們其實無心在體制內求改變。

當然這種心態或「現實主義」與歷史仍是緊密關聯。過去蘇哈托把華裔限制在經濟領域裡，華裔僅能在經濟領域裡大展拳腳，因此對這群中產階級華裔而言，能夠將自己的事業延續，甚至傳給後代，也許才是最重要的。面臨今日中國的興起，並未令他們重新審

視自己的華人屬性或身分認同。雖然，他們看到了未來中國可能具有的經濟前景，但也許令他們為下一代安排華文教育，一切的打算似乎仍是為了未來個人經濟及生存。這些似乎也意味著，也許他們僅能藉由追求富裕的生活來彌補政治上、族群關係上種種的無奈。因此，這群年輕一代的中產階級華裔一具有能力便將子女送出國讀書，對他們而言，似乎是合乎理性。

參考文獻

英文部分

Christianto Wibisono. (1995). "The Economic Role of the Indonesian Chinese." In Leo Suryadinata, ed., *Southeast Asian Chinese and China—The Politico-Economic Dimension.* Singapore: Times Academic Press. pp. 87-99.

Harding,H.(1993). "The concept of "Greater China":Themes, Variations and Reservation." *China Quarterly*,December, pp.660-686.

Leo Suryadinata . (1986). *Pribumi Indonesians, the Chinese minority and China : a study of perceptions and policies（2nd ed.）.* Singapore: Heinemann Asia.

Leo Suryadinata. (1995). *Southeast Asian Chinese : the socio-cultural dimension.* Singapore: Times Academic Press.

Shambaugh, D.(1993). "Introduction: The emergence of 'Greater China." *China Quarterly*, December, pp.653-659.

Tu, W.M. (1991). "Cultural China:The periphery as the center." Daedalus, Spring, pp.1-32.

中文部份

呂俊甫著；洪蘭，梁若瑜譯，2001，《華人性格研究》，臺北市：遠流出版社。

李美賢（2004a）〈後蘇哈托時期“印尼華人”的政治認同：公民民族主義？多元文化民族主義？種族文化民族主義？──以《呼聲》為

例〉，發表於 2004 年台灣的東南亞區域研會，台北：淡江大學。

李美賢，（2004b），〈誰是弱勢？隱匿在"弱勢族群"瞳孔內的帝國光芒〉，發表於 2004 年 4 月 2 日移民與社會「帝國之眼—優勢國家如何看待劣勢國家」跨校座談會埔里：國立暨南國際大學。

谷容，（2003），〈關於印尼華文教育的思考題綱〉，《印尼焦點》，第 12 期香港：香港印尼研究學社。頁 74~76。

芮聲，（2003），〈淺談我國教育的亂象〉，《呼聲》，第 52 期，印尼：呼聲月刊出版社，頁 16。

孫采薇，（2004），〈政策、制度與族群關係——印尼與馬來西亞對境內華人族群政策的比較研究〉，發表於 2004 年台灣的東南亞區域研會，台北：淡江大學。

張祖寬，（1982），《印尼對華人同化政策之研究》，臺北市：中國文化大學民族學研究所。

曹云華，（2001），《變異與保持——東南亞華人的文化適應》，北京：中國華僑出版社。

陳玉蘭(Tan Mely Giok-Lan)，李美賢譯，（1998），〈印尼之華裔：身分認同問題〉，收錄於陳鴻瑜審訂，國立暨南國際大學東南亞研究中心翻譯。《華裔東南亞人》，南投縣埔里鎮：暨大東南亞中心，頁 37-82。

陳達生，（1977），《印度尼西亞文化論集》，新加坡：教育出版社。

溫北炎，（2001），〈印尼華人社會的發展與前景〉，《八桂僑刊》，第 4 期，南寧市：八桂僑刊編雜誌社，頁 1~6。

溫廣益，（2000），《二戰後東南亞華僑華人史》，廣州市：中山大學出版社。

廖建裕，（1993），《印尼華人文化與社會》，新加坡：新加坡亞洲研究協會。

廖建裕，（2002），〈重新檢討印尼華人的族群與民族認同（英文稿）〉，

《亞洲文化》，第 26 期，新加坡：新加坡亞洲研究學會出版，頁
　　12~25。

劉孝民，（1978），《印尼華人社會的經濟與教育之研究》，臺北市：中
　　國文化大學民族學研究所。

蔡仁龍，（2000），《印尼華僑與華人概論》，香港：南島出版社。

報紙資料

工商時報　2000 年 10 月 25 日

世界日報　2004 年 4 月 13 日

網頁資料

人權觀察 1999 年度報告，網頁：http://www.hrw.org/chinese/reports/
　　indonesia

印尼教育部（Ministry of National Education），網頁：http://www.
　　pdk.go.id/

中華人民共和國駐印度尼西亞大使館，網頁：http://www.
　　chinaembassy-indonesia.or.id/chn/3120.html

劉見林。2003。〈新書介紹：新中華帝國〉。華盛頓觀察週刊。第 25
　　期，網頁：http://www.washingtonobserver.org/BooRev-terrilll-070203
　　CN41.cfm

網頁：http://www.motherol.com/info/list.asp?id=5856

從終身學習的觀點探討華人社區
推廣華文教育的困境與因應策略
——以印尼雅加達市為例

陳梁榮

暨南大學

摘要

目前多數海外華人社會成員，恐華人文化、教育等日漸式微；未來在面臨全球化的競爭之下，印尼下一代華人的華文教育是不可忽視的重要課題。相形之下現今台灣華文教育資源極為豐富，而且資訊科技進步、人力資源充裕、交通便利。在此一優勢下，對於印尼華人社會華文教育的推廣，除了正規華文僑校教育的供給普遍匱乏外，如何落實家庭、學校、社區三類教育合而為一，積極朝向自主性、多元化的華文教育來發展應是當務之急。

本研究擬從供給面與需求面來探討印尼華文教育發展現況與困境，進而從終身學習的觀點、以社區學習的模式，架構出學習型社區、整合式數位學習的方式，落實資源整合的作法，並針對現況發展提出因應策略，研擬建議方案，以期能達到：推廣多元化的華文教育內容，以期朝向全球化的華人社會邁進；善用台灣教育資源，推動科技應用及學術交流，厚植華人教育；充分結合教育人力資源發展，推廣華文教育，提供多元化發展；提高印尼僑界華文學

習率，提昇教材教法師資素質與台灣同步；落實華人社區主義，將華文教育機構與社區華文教育緊密結合。

最後，根據本研究之結論，分別就如何發展學習型社區、華文教育方式的新定位、教育人力資源發展及未來研究方向提出建議。

關鍵詞：終身學習、社區學習、學習型社區、整合式數位學習、資源整合

一、前言

東南亞地區華人社會或因政治、經濟、社會、文化因素的影響，華文教育的推展雖是項極艱鉅的任務，卻也應積極朝向多元化發展，來化解推廣華文教育的困境。尤其拜經濟成長和社會繁榮之賜，提供了極佳的大環境來發展華文教育，以期使華人社會的華文教育發展更臻完善。

印尼位於亞洲南部區域，而雅加達自古便為印尼的政治中心，華人社會在此人文薈萃、經濟活動鼎盛；自清末民初開始，由中國華南一帶移民者眾，其後由於華人勤奮的特質，加上先人多數從事商業活動，加速華人社會的發展，也帶動印尼地方繁榮，但也因此加劇印尼當地住民排華的心態，導致印尼華人社會的華人教育問題面臨接續的窘境。

研究者 2004 年間兩度接受印尼雅加達市僑界組織等人員邀請，有幸前往短期參訪與授課。這期間研究者也與駐印尼台北經濟

貿易代表處林永樂代表、印尼雅加達留台校友聯誼會馮新蘭會長、世界日報記者謝炫輝先生、印尼雅加達市台大校友聯誼會丘賢偉會長、印尼純明基金會馮華源副主席、印尼廣肇安良會館許嘉和先生及留學台灣校友林正君等人深度訪談，對於當地華文教育的需求與供給的狀況，以及推廣華文教育所面臨的困境感受頗深，因此，遂也成為個人研究印尼推廣華文教育相關議題最大的動力。

　　未來在面臨全球化的競爭之下，印尼下一代華人的華文教育是不可忽視的重要課題。相形之下現今台灣華文教育資源極為豐富，而且資訊科技進步、人力資源充裕、交通便利。在此一優勢下，對於印尼華人社會華文教育的推廣，除了正規華文僑校教育的供給普遍匱乏外，如何落實家庭、學校、社區三類教育合而為一，積極朝向自主性、多元化的華文教育來發展應是當務之急。

二、文獻探討

（一）終身學習的內涵

　　終身學習一詞係源自於英文的 lifelong learning，終身學習既不是一種口號或抽象的概念，而是大眾的生活事務，已經融入並緊密地圍繞在人們的四週環境，同時兼具普遍及單一的特有脈絡與文化（UNESCO Institute for Education,2003:9）。台灣的終身學習法第三條中有關終身學習定義的敘述，並未特別強調學習的目的性，而精要地提到「終身學習：指個人在生命全程中所從事之各類學習活動。」（吳明烈，2004）

　　國內學者黃富順（2003）亦指出，終身學習典範的產生，主要係基於終身教育典範有其極限與不足，未能與個人生活貼近，而終

身學習典範則具有這些優勢存在，整體言之，終身學習典範產生的主要原因，包括：

1. 採用學習一詞更能彰顯以學習者為主體的特色
2. 學習活動不侷限於教育情境中
3. 學習更能滿足個人對新知的追求
4. 學習更能豐富個人的生活

終身學習涵蓋終身與全面的學習概念，係指個體在一生中於各種生活環境，所進行一切有意義的學習活動，包括正規學習、非正規學習與非正式學習，目的在於增進個人的知識、情意、技能與能力，進而提升個人生涯發展、生活適應以及創新應變的能力，並促進社會的進步與國家發展。終身學習實質上代表著一種現代化的進步理念之外，亦是一種公共政策，一套實踐行動以及一個理想願景（吳明烈，2004）。茲分述如下：

1. 終身學習是一項進步理念
2. 終身學習是一種公共政策
3. 終身學習是一套實踐行動
4. 終身學習是一個理想願景

印尼僑居地缺乏正規學習華文教育的機會是不爭的事實，而終身學習的觀點中非正規學習與非正式學習，確實是政府推廣僑居地華文教育一種另類的選擇方式。

（二）社區學習與學習型社區的概念

今天所謂「社區」，已不再是過去的村、里、鄰形式上的行政組織，而是在於這群居民的共同意識和價值觀念。「當學習的焦點是社區，以及當學習交流需要參與者承擔他們的社區角色時，社區

學習就會發生」（Wright，1980,p.262）。她主張，在執行社區角色
的發展過程中，成人會介入具有極大學習潛能的情境裡。因此，社
區學習是那種以社區改善為其中心的學習，而且也是那種在成人執
行社區角色時所發生的學習（Brookfield，1997）。

學習型組織在社區落實，成為「學習型社區」（learning
community）是英國成人教育學家隆沃爾茲（N.Longworth）提出的
理念，亦即經由社區教育策略的規劃，提供開放式的學習，以建立
社區民眾的學習習慣，使民眾學習自由、授權、覺醒、釋放、供應、
激勵、培養等能力，才能具備「學習如何學習」的能力與習慣。（詹
棟樑，2005）

（三）整合式數位學習的模式

有關"Blended Learning"的定義各家說法莫衷一是，很多人都認
為 Classroom Learning＋e-Learning＝Blended Learning，透過實體與
線上教學交互進行的方式，各取其優點相輔相成，即可達成強化及
延伸學習的效果，這是屬於一般的「混合式學習」定義（陳欣舜、
蕭涵云，2003）。

數位學習根據時間來區分，可以分為「同步學習」與「非同步
學習」：

1. 同步學習：沒有空間上的限制，但教師和學生需在同一時
間參與教與學的活動。
2. 非同步學習：沒有空間上的限制，教師和學生可以選擇自
己方便的時間來參與教學過程中的活動。

而整合式的數位學習模式是未來網路學習的主流方式，雖然，
目前線上學習課程仍多以非同步學習方式為主，而同步學習的方式

相對地少之又少。以現今網路環境的普及化、網路技術的日趨成熟，純粹非同步學習的方式，已無法滿足學習者對互動性與即時性的需求，所以整合應用同步學習與非同步學習的功能到線上學習活動中，對於提昇改善教學活動確實有其必要性。

（四）資源整合技術的應用

　　資源能夠有擴充、發展人類或組織的需求，一般可分為有形和無形兩種類型（Beder,1978）。具體而言，係針對有限的資源做整體性的規劃與運用，一方面提供完善的服務，另一方面則避免在服務功能、方式及內容上的重複浪費（張苙雲，1990）。

　　在終身學習的場域中，資源泛指教育上可運用的所有資源，也是機構組織內外所有可以運用和憑藉的物資與力量，其範圍包括有形與無形，其內涵大致有人力、物力、財力、資料、文化、科技、創意、學習者的意志力與參與感、組織間的公共關係等等資源，資源可以滿足機構組織推廣終身學習的過程中，因應需要、困難或緊急時，可運用的資產與物資、各項能力或行動與步驟。

　　現今在社會分工的趨勢下，組織間因功能分化常導致資源相對缺乏多元，因此，必須藉著互賴、互補功能來整合既有資源，以期發揮最大效能，達成組織工作目標。因此如何在了解組織機構本身內外所有可以運用和憑藉的物資與力量等資源的前提下，並能有效地加以整合運用資源就是一項重要的技術。

三、研究方法與步驟

本研究透過文獻分析以及研究者實際的觀察經驗、訪談法。首先探討終身學習、社區學習、學習型社區、整合式數位學習、資源整合等理論，以建構本研究的基礎。其次針對國內外社區學習的模式進行分析，再以觀察印尼當地華文教育機構的經驗，並藉與駐印尼台北經濟貿易代表處林永樂代表、印尼雅加達留台校友聯誼會馮新蘭會長、世界日報記者謝炫輝先生、印尼雅加達市台大校友聯誼會丘賢偉會長、印尼純明基金會馮華源副主席、印尼廣肇安良會館許嘉和先生、留學台灣校友林正君等人及現就讀於國立暨南國際大學的李亭曉等十一位印尼僑生進行訪談，藉以了解印尼當地發展華文教育的現況，然後再以文獻分成以下三個部分進行評論和分析：

(一)社區學習模式與問題分析

(二)華文教育之資源整合分析

(三)發展華文教育之因應策略

據以研擬整合發展華文教育模式和具體可行的途徑，最後根據本研究之結論，分別就如何發展學習型社區、華文教育方式的新定位、教育人力資源發展及未來研究方向提出建議。

四、社區學習模式與問題分析

(一) 東南亞地區的社區學習中心模式

根據聯合國教科文組織設在泰國曼谷的總部所界定，「社區學習中心」是屬於正規教育制度外的教育機構。其社區學習模式與成

人教育、非正規教育的模式略有不同，主要由社區民眾自行經營與管理（UNESCO Bangkok,2006a）。

「社區學習中心」目標經由社區所有民眾的終身學習活動來促進個人與社區的發展，參與對象包括不同年齡層的高齡者、成人、青年及兒童等。例如馬來西亞的「社區學習中心」1961 年起是由該國的鄉村發展部所屬的社區發展司為實施機構，擬訂「2020 年鄉村願景運動」，試圖將該國從鄉村型轉為已開發及進步國家（UNESCO Bangkok,2006b）。依該願景，為能提供有良好教育、高技能與強烈動機的足夠工作者，終身學習是一優先課題，因此，為達目標，「社區學習中心」已被賦予強化在鄉村與都會社區發展的極重要角色（王政彥，2006）。

這種由社區民眾自行參與學習活動內容的模式，使民眾對於學習內容有需求自主性及歸屬認同感，是「社區學習中心」的最重要特色。另外，「社區學習中心」發揮多元化的組織功能，例如社區的社會、文化、教育及經濟等議題，這種能滿足社區民眾的需求，對於提昇民眾知識、除貧、改善生活品質、建立自信心等方面貢獻斐然。

（二）台灣社區營造的問題分析

台灣在經濟發展的過程中，因為都市裏有比較多的就業機會和比較高的經濟報酬，吸引農村人口大量往都市集中，一方面造成農村價值的瓦解，很多人覺得待在鄉下沒前途，因此鄉村留不住年輕人，使得傳統地方產業逐漸沒落，地方的文化特質和歷史遺產不斷消失；一方面這些都市的外來人口，大家心理上都存著暫時來都市

討生活的過客心態，因此缺乏對社區的認同，只重私利，不顧公義，造成人際關係和對公共事務的冷漠（文建會，2001）。

社區營造的目標在「造人」，教育的目標也是為了「造人」。可惜在社區營造的過程中，主事者太過於投入活動的規劃，因而遺忘了造人的目標；同樣，在教育的過程中，主事者過度重視學習的效率，因而迷失了學習的目標（林振春，2003）。如何能讓台灣的社區總體營造，不只是做到造景和造產的工程建設，也能達到造人的目標，考慮社區終身學習的教育功能是重要的課題。

台灣在社區營造的過程中，本來也應該特別強調教育、學習的重要性，因為民眾是整個社區營造的核心，我們的重點不應該只在營造一個硬體的社區環境，而是要讓民眾在社區環境的營造過程中，得到教育的啟發、獲得參與主導學習、受到重視、贏得讚美，因而發展出終身學習涵蓋終身與全面的學習概念，這些非正規與非正式的有意義學習活動，目的在於增進個人的知識、情意、技能與能力，進而提升個人生涯發展、生活適應以及創新應變的能力，以及公民意識與社區認同，從而將他的生存意義與生命的開展，能夠與社區的生存與發展結合在一起，並促進社會的進步與國家發展。

（三）印尼僑居地華文教育發展的困境

印尼早期礙於排華政策因素，限制華文教育的輸入，相較其他僑居地而言，有其特殊背景。然而近年來此一問題，已在政治、經濟、文化的多元變遷中獲得改善。但從正規教育的供給面來看，僑校設立的不夠普及是不爭的事實，因此也就缺乏華文教育的供應機會。所以相對渴望接受華文教育的眾多需求者而言，教育供需市場的差距過大是普遍存在的問題。而政府部門對唯有正規教育才是推

廣華文主要途徑的迷思，也形成僑居地華文教育的推廣停滯不前。使得華文教育的需求者，僅能靠高學費的補習教育方式獲得教育機會。除了當地僑校以外，政府在推動華文教育上，唯有接受僑生來台就學的申請，並施以短期華文補救教學課程，缺乏主動積極且有效的作為，來解決目前的困境。

　　另外，無論在師資的培育、教材的供給，甚至對於這海外華人特殊族群的相關政策配合等，都讓人深覺明顯不足。其不足之處，並不單一代表經費不足的問題，更需要正視的問題是，這特殊族群的特殊性與需求，一方面是人的價值、渴望和行為等內在特殊性與需求；另一方面是華文教育推展過程、策略、作法與機制等外在特殊性與需求。正確的資源整合與分享作法，不只是利用有限的所有資源，經過協調、整合、應用等技術，做出一加一大於二的新目標，還得依據其特殊性建立新的做事方法，亦即養成持續變革的能力。只有改變策略、結構與體系仍然不夠，而是要調整產生這些思考的方式也要跟著改變。

五、華文教育之資源整合分析

（一）整合政府部會資源

　　加強政府部會之間的橫向聯繫與資源整合運用、分享與再利用的概念，是現階段推廣華文教育極待努力的地方。它代表放棄本位主義的狹隘作法，使得它的意義與其他概念是互通的，目的是為了取得機構組織在推廣華文教育學習活動時，取得所需的任何資源，避免資源重疊與浪費，或使現有的資源提高使用效能。所以建置政

府資源整合分享平台，採取整體性規劃的方式，所進行的資源交流，善用有限的資源，創造無限的可能與成就。

（二）整合僑居地組織資源

如何有效的將僑胞、僑校、台商組織、留台校友會、華文補習機構等資源應用、流通、協調、合作、連結之下，經過計畫、組織、領導、協調溝通、確實執行、控制評估等過程，在達成使資源發揮最大的效果，使學習活動得以發揮最大效能。屆此，在資源整合運用的過程中，無非是讓資源運用得更有效率，其成果在資源整合的意義之下，更應繼續分享這些既有資源及活動成果給其他組織機構，讓資源整合運用的有機連帶觀念，得以生生不息讓分享與再利用的作法更加昇華。

（三）整合學術研究單位資源

適宜的教材研發與教法創新、資訊科技的應用、師資培訓工作與組織學習等的整合，都是推廣華文教育的核心。政府部門應成立協調性的委員會，主管推展整合上述資源，而委託研究終身學習領域的學術單位更是事半功倍的作法，是值得政府相關部會採取的因應策略。

六、發展華文教育的因應策略

（一）社區學習中華文教育的內涵與新定位

傳統學校的正規教育是套裝知識，長期被遺忘的是人最真實的經驗知識。經驗知識融入華文教育，是以學習者為主體，不斷與學

習者的經驗起了共鳴或衝突而發生的知識。所以課程的規劃應以現代公民養成教育為主，而非學術菁英教育，藉由華文教育著重通識能力及公共議題探討，與社會生活緊密連結。讓不同先天條件、不同經驗背景、不同思維方式的人，通過共讀、思辨、討論、實踐的密集互動，相互教育、相互啟蒙。這種打破「正規/非正規」界線的藩籬，融入華文教育於社區學習活動課程的設計，將是解決推廣華文教育窘境的創新作法。

（二）組織成立社區華文學習中心

平心而論，西方的傳統社會也曾經建立在以感情連帶為基礎的「共同體」關係上，韋伯和另一位德國社會學家滕尼斯（F.Tonnies）皆強調，這種「共同體」充滿著「互惠」的精神，人們使用共享的資源、有共同的好惡、共同的朋友及敵人；相對地，現代的社會立基於「結合體」關係，人與人之間講求利益的交換與計算，工作和勞務服務都被當作「商品」來買賣，「人情味」淡薄許多。不過，陌生人彼此的來往多了，透過各種「目的結社」，可以集合一批相異之個人，完成以往無法達到的目標（顧忠華，2005）。

對於建置僑居地社區學習中心，作為推廣終身學習與華文教育推展的組織據點，由國際潮流的趨勢來看，配合台灣社區總體營造的組織模式，強調建構成為學習型社區的非正規學習型組織，政府專責部門或機構的設置，積極將僑居地華文教育的推廣工作，落實在社區學習中心的活動中，且能事權統一，發揮主動華文教育的供給是有其必要性。

而對於華人社區學習中心的設立步驟，不外乎有：凝聚組織社區的共識、籌組社區學習發展委員會、評估學習需求、整合取得學

習資源、建立資源分享的機制、組織師資與員工訓練、方案規劃與
活動發展、定期評鑑、知識管理與再利用等流程。

（三）整合台灣教育資源推動整合式數位學習的機制

在過去線上非同步的學習活動中，學習者可以以自學的方式來
參與線上學習活動，不過學習者必須要有一定的學習動機支撐，才
能持續學習過程，否則很容易中輟學習。相對地，線上同步學習方
式，涉及活動中參與者需要即時的互動及回應等規範，因此，較易
引起學習的注意力，當然也因此參與者將失去時間上的彈性安排。
學習者的學習動機是線上非同步學習學習成效的重要因素，如何引
起學習者的學習動機便是非同步學習課程設計的重要考量方向。所
以，線上學習模式必須整合應用同步學習及非同步學習兩者互動模
式，兩者缺一不可。至於兩者的整合應用的方式與比例，可以依據
課程內容的需求、學習者學習的目標及教學者的能力與風格而定，
目的乃在於如何提高學習效益。

線上同步學習運用多媒體與網路技術，讓身處不同地點的施教
者與學習者，也能同時進行多向的即時互動學習活動。網路免費即
時影音互動與線上討論的技術，經過新技術不斷地推陳出新，線上
同步學習不只突破原有空間的問題而已，對於同步文件的傳輸分享
及多人線上輔助工具都有長足進步。因此以多元應用的層面上來
看，線上同步學習模式又可細分為「線上同步教學模式」與「線上
同步活動模式」兩類。我們所談的部分即是「線上同步教學模式」，
它包括教材設計編輯和線上同步即時教學兩種主要活動。

因此，研究者認為整合式學習的考量面向中，應著重在學習模
式的設計者（教師）與學習者（學生）為主體，教學內容與技術與

環境為輔，而不論整合學習（Blendid Learning）或線上學習
（E-Learning）都是多元教學的另一種方式與選擇，所以任何的教
學模式，只要著重其教育內涵，使活動達到預定的計畫目標都是成
功的教學方式。

（四）就近培訓師資人力資源

社區教育是多元的活動，唯有專業化的人才培育，才能使多元
化的活動不致於失去專精的品質（王秋絨，1997）。教學不是一個
單純的概念，而是一個複合的概念，其涉及了繁複的概念與活動的
歷程。由字面的意涵，包括了施教者的「教」與學習者的「學」，
以及兩者之間互動的歷程與活動。

印尼留學台灣各大學的校友，常年來已不在少數，其華文程度
經過多年台灣的正式高等教育下，亦有許多留台校友從事華文補習
教育業。然而還有更多校友在各行各業，這些教育人力資源，足以
應付社區學習中心的師資需求。只要定期提供簡易師資研習課程，
平時透過線上學習至台灣平台熟稔使用學習活動設計，不難成為共
讀、思辨、討論、實踐的密集互動，相互教育、相互啟蒙的引導者。

（五）發展多元參與、公私部門合作分工的機制

如何協助僑居地設置華人社區學習中心，應由政府相關部會橫
向聯繫協調、詳細分工、事權統一，避免政府資源的浪費，主動提
出一套具體可行作法，但卻不能以政府為主體，而是要充分結合僑
居地社區僑界組織的各項資源，例如：同鄉會、留台校友聯誼會、
華人媒體機構、基金會、會館、華人補教機構等泛第三部門。

發揮多元主體參與社區學習中心，以及資源整合分享的效益，社區學習中心的實務運作，應主張由下而上的基本原則，政府則應扮演有效資源的供給與輔導支援的角色，不同機構組織的權責歸屬與分工，相形之下更顯重要，否則多頭馬車恐導致事倍功半的窘境。

七、結論與建議

生活本身即是持續不斷的學習過程，個人自發而有意識的學習，可以讓他在快速變遷的社會中，具有適應環境的能力，達到發展潛能和自我實現的境界。學習不應局限於學校的教育，社區生活中的種種境遇都是學習的過程。民主的生活、綠色消費的觀念、合作的精神、運動保健的習慣、生活上的新事務等，都需要持有學習的態度去貼近和體驗，這便是終身學習的精義。從終身學習的觀點來推廣印尼華文教育、以社區學習的模式，架構出學習型社區、整合式數位學習的方式，落實資源整合的作法，推廣多元化的華文教育內容，以期朝向全球化的華人社會邁進；善用台灣教育資源，推動科技應用及學術交流，厚植華人教育；充分結合教育人力資源發展，推廣華文教育，提供多元化發展；提高印尼僑界華文學習率，提昇教材教法師資素質與台灣同步；落實華人社區主義，將華文教育機構與社區華文教育緊密結合。

將推展僑居地的華文教育工作視為公共事務，依照民主程序公開討論、協調整合、周延規劃、制定公約、經營管理、輔導評鑑、乃至樹立標竿典範定期觀摩與經驗傳承，方能有效利用終身學習的觀念，發揮推展僑居地的華文教育的成效。終身學習的推展，其關鍵在於如何與目標對象的生活緊密結合，讓個人的學習與日常生活

的空間、議題與目標等，產生有效的連結，真正實現人人有學習、處處可學習、時時有學習的理想，僑居地的華文教育推廣又何嘗不是如此。

社區此一場域具有實現上述理想的潛在條件，讓僑居地民眾的華文教育緊密結合在社區學習之中，除有助於終身學習的推動與學習社會的建立之外，僑居地的華文教育也因此得以順利地發展。這也是為何在終身學習的學術與實務領域，社區學習之所以受到普遍重視的主要原因。成立社區型學習中心對於推廣僑居地僑胞的華文教育有其必要，更有賴公私及第三部門的共同參與，以民眾為對象，特殊弱勢族群為優先，透過有效的溝通協調、資源整合與分享，進而形成社區終身學習網絡與機制，善用有限的資源，創造無限的可能與成就。

參考文獻

外文部分

Beder ,H.(1978). "An Environmental Interaction Model for Agency Development in Adult Education." Adult Education Quarterly, 28(3),176-190

Stephen B.(1997).Adult learners, adult education, and the community。李素卿譯。台北：五南。

UNESCO Bangkok(2006a).Overview of community learning centers. Retrieved March 27,2006,from http://unescobkk.org/index.php?id=244

UNESCO Bangkok(2006b).Malaysia. Retrieved March 27,2006,from http://unescobkk.org/index.php?id=259

中文部分

王秋絨（1997），《社區教育模式與發展》，台北：師大書苑。

王政彥（2006），《主要國家設置社區型學習中心的作法及其啟示，成人及終身教育》，13，12-22。

文建會（2001），〈落實社區總體營造〉，中程施政計畫內容摘要，http://web.cca.gov.tw/intro/report/jj02-3-4.htm。文建會。

吳明烈（2004），《終身學習—理念與實踐》，台北：五南。

李美賢（2003），《印尼簡史》，南投縣：國立暨南國際大學東南亞研究中心。

林振春（2003），〈學校如何運用社區資源推動終身學習〉《終身學習月刊》，六月刊，澳門：成人教育中心。

陳欣舜、蕭涵云（2003），〈整合式學習〉，《數位學習最佳指引》，4.1-44。資策會教育訓練處。

張苙雲（1990），《組織社會學》，台北：三民。

詹棟樑（2005），《成人教育學》，台北：冠學。

顧忠華（2005），《解讀社會力：台灣的學習社會與公民社會》，台北：遠足。

訪　談

學生的努力，老師的動力

雅加達

王彩玲老師口述

黃瓊慧採訪撰寫

台灣求學經驗

王老師的父母親來自台灣的金門，不過小孩全都在印尼出生，因此王老師和她的兄弟姐妹從小都不會說華語，平日都是以印尼語溝通。直到一九八三年來台灣東海大學唸書才正式和華語有了接觸。王老師回想起當初來台灣求學的路程，她說當初她是從零開始學起，因此剛到台灣的時候有很多聽不懂的單字和對話，雖然覺得學習華語很不容易，不過也下了非常多的苦心，讓她在台灣的十年中，為她的華語奠下了良好的基礎，不僅能正確的發音，還能流利的溝通。

印尼華語熱

目前在印尼各地興起一股華語熱，不僅有華人還有許多印尼人學習，甚至連回教世界的印尼人也開始學習說華語，因此在印尼從事華語教學在目前可以說是一項非常熱門的工作。也由於開放華語

的關係，在教科書方面也有了許多的選擇，不過王老師說她最常用的是台灣僑委會發行的版本，雖然繁體字筆畫多，但是台灣版本的教科書內容生動有趣，比較能引起學生的興趣。這幾年，當地的華語教師積極的推動華語教學，急欲修復因政治而造成的華文斷層，不過當前有一項急需解決的問題，這點就是印尼政府雖然開放華語教學，不過政策並不明確，因此各間學校沒有制定統一的上課時數，有些學校把它安排在必修課程，有些學校則是安排在選修的課程裡，而大部分的學校一個星期也只有一兩堂的華語課，因此印尼政府若能在華文教學立個明確的方案，相信華文教育必定能更加蓬勃且迅速的發展。

付出及收穫的感動

回印尼之後，王老師從事華語教學至今已有六年的時間，她認為當地的語言環境還有待改善，因為當初政府禁說華語政策的施行，造成目前大部分的華人不會說華語，而是以印尼語溝通，因此就算華人子弟有學習華語的動機，卻苦無練習說話的對象，導致學生學習的速度很慢，也容易學了就忘，讓他們失去了原有的信心，這時必須很有耐心並且一遍又一遍細心地教導，更要站在學生的立場了解他們的困難點，如此才能幫助學生、增加學習效率。不過也有特殊的例子，王老師說她之前曾花了三個月，每天用一個小時的時間教一位學生華語，這位學生的學習動機非常的強烈，因為他說之後要到北京念書，因此學得特別地快。就在這趟來台灣的前幾天，王老師接到了他打來的電話，她說：「這位學生剛從北京回印尼過暑假，他一下飛機就馬上打電話給我，我們在電話中全用華語

溝通，更沒想到他還記得我，這點讓我好感動，真的好感動，感動得差點哭了出來。」當我看到王老師說話的神情，以及從她眼睛綻放出的光芒，剎那間我也被感動了。一位老師他或許教過許多學生，但是在日後還有學生記得自己，這彷彿是對老師的一種肯定，這也是教學的生涯裡最令人感動的一件事。在這段訪談中讓我學到了很多，更發現每位學生都非常需要老師的鼓勵，雖然每位學生的學習動機不一，不過如果老師能因材施教，再以自己的教學經驗想出教學對策及教學方式，使所有的學生都喜歡上華語課，並對學習充滿了興趣。相信一定可以讓剛起步的華語教學在印尼能順利的推動，這是每位華語老師應有的責任和使命。

約瑟基督的一朵花

雅加達
朱莉娟老師口述
楊馨採訪撰寫

> 我一輩子就要教書阿……因為我沒有別的興趣了……我希望
> 我們的後代能夠好好的掌握華文……

初次見到這位老師，只能說她是一位長得非常可愛的女性，說著一口不太標準的中文，但是眼神中卻透露著對中文的熱誠。當你在對她說話時，她總是雙眼認真地注視你，仔細地聆聽你想說的話，接著再努力地表達、分享她自己的想法。

她出生於印尼的葉城，現在也在葉城的約瑟基督學校任教。其實從小父母親就教了她中文，慢慢地長大後，她也對華文產生了很大的興趣。後來考上了中文系，更正式接觸到了華文的深層部分。大學的講師是印尼的原住民，當時由於印尼禁止華文，以致於沒有印尼的華語老師。這位講師，便是影響她後來走上教華語之路的關鍵。

在教華語的時候，她感到非常的辛苦、吃力，或許也是因為印尼的學生對於華語不感興趣，並且印尼學生學習華語的動機，大多為了是要取得好的成績，讓她教起來備感辛苦。但是這終究是她的

興趣，雖然她口裡說著教華語的辛苦之處，但當下臉上也同時散發出無比的成就感以及威嚴。她不是青春洋溢的老師，但是對於教華語的熱誠，她可一點都不輸給任何人。

在教授華文的時候，她喜歡利用唱歌以及圖片，讓學生上課的氣氛能夠非常快樂，雖然不及年輕老師學習設備的先進、創新，但是她的用心以及努力，是所有學生都看得見的。

她也認為華文教師最好也能夠說印尼文，上課時華語老師若能夠華文以及印尼文交互的使用，這樣教的速度是最快的了。她還說印尼地區哪兒都很需要華文老師，光是她的努力還不夠，非常希望年輕的老師接棒，也希望印尼的學生能夠把持著決心以及恆心、專心，好好地學中文，讓印尼的普遍大眾都會說流利的中文。

她不但對自己的華文非常注重，同時把自己的女兒也送來台灣留學學中文，對於華文，她是再重視不過了。一位老師，能夠願意把終生都托付在教授華文上，這自然是華語文界最欣慰的事了。

知足常樂，用心教學

雅加達
羅念如老師口述
王詩誼採訪撰寫

　　羅念如，一位樂觀進取的印尼華語老師，在家教的教學環境五年，累積足夠的經驗之後，在今年八月即將到雅加達一所新成立的華語學校任職。雖然沒有在學校的教學環境中任教，但卻有著豐富的經驗和過人的毅力，足以在華語教學的路途，邁向另一個旅程。用活潑生動的教學，引領著學子們，自然而然、無憂無慮地學習華語。

努力自學

　　羅念如回顧她的求學歷程，與家人用方言交談（客語），配合著學校的課程學習華語。但是在初中之後，便因為政府政策的因素，便無法繼續學習。此時，熱愛中華文化的她，便開始了自學生涯。不能公開學習和教學，使她格外珍惜這份工作和學習的機會。這也造就她日後，只要有機會學習、有機會參加研習，便奮不顧身地投入，充實自己。

　　對於教學工作，家人給予強烈的鼓勵和支持。配合著自己對於華語的熱衷，支持著她的教學工作。她開朗地說：「沒有壓力。我在家裡就說中文，學習中文是自己的興趣，自己進修。雖然過程艱辛，但是成果卻很豐碩。」

愛心教學

　　羅念如以學華語為樂。一開始從家鄉蘇門達臘到雅加達上班，幾年之後，開始沒工作，便在家裡自學。朋友見了她說：「你在家裡做什麼？到我家裡來教我的孩子華語。」她說：「沒想到將來要教書的。」

　　雖然是無預警的開始，卻展開了她的華語教學之路。

　　在家教也許學生只有四至五位，但她課前的準備工作，可是不容忽視的。認為填鴨式地背書會造成反效果，學生也會沒興趣。於是，她準備了大量教具和教學活動利用圖文書，來吸引孩子注意力，提升學習效果。

　　在教學生涯中，沒有面臨過倦怠期，羅念如很有自信地說：「教書不會累，跟孩子玩，覺得很開心。我們教書都很投入，自己的事情都會忘記。」

　　因為對於華語教學的一股熱忱、對孩子誠摯的關愛，讓她在教學中得到快樂。我想這正是一個稱職的華語老師，難能可貴的地方。

豁達的人生觀

「知足常樂，隨遇而安」，是羅念如在人生及教學上的座右銘。宗教對她的影響很大，她說：「我進了基督教，耐心和脾氣比較改一點。因為我們基督教要愛人。」

有著這種信念，她用愛與耐心來教導學生，面對頑皮的孩子，她說：「學生都一樣啦，怎麼會討厭他們呢？不可能啦！」

遇到這種情況，她不但不火冒三丈，還慢慢哄他，誘導他參與活動。

開朗豁達的性格使她在教學風格獨特，也相當吸引學生。羅念如快樂的泉源來自於學生，她眉開眼笑地說：「如果他（學生）有興趣，我們也教得很開心。看到你來了，他很高興，我們當然就跟著高興。」

讓孩子在快樂的環境下習得中華語文，這是她的理想，也是她教學的目標。

羅念如本著積極進取的人生觀，謙虛地說著自己對華語的知識還不足夠，需要再接再勵。她以自己的經驗，鼓勵有興趣從事華語工作的教師；提醒教師們本著愛與快樂的心情從事華語教育，則可以事半功倍。

無懼的拓荒者，踏上華語教學新旅程

雅加達

陳映金老師口述

賴苡汝老師口述

汪巧媛採訪撰寫

陳映金老師，賴苡汝老師，兩人同樣是來自雅加達 KRISTEN KETAPANG 基督教學校，教學資歷尚淺，但兩人卻憑著一股勇氣和耐心，帶著印尼老師溫和的個性，在印尼這片華語荒土上披荊斬棘，為華語扎根。

家學淵源，因緣際會

陳老師和賴老師都為二代或三代的華裔子弟，因家學之故，他們從小就學習華語，接觸中國文化，陳映金老師的華語教學之路走了五年，教學路上風平浪靜，但卻有一個不平凡的開始：畢業於台大農化系，原本是一個平凡的上班族、一個華語教學的門外漢，在看到印尼華語的師資缺乏後，義無反顧地投入處境困窘的教學之路，問她怎麼會有那個勇氣，她只是笑笑地說，看到他們缺乏的師資，教學的辛苦，讓她忍不住也跳下去了，那抹微笑也訴說了她的勇氣。

年輕的賴老師則是在家庭的支持下，一步步地踏上華語教學的旅途，因為喜歡小朋友，賴老師主要的教學對象為幼兒班的小孩子，她說：「主要是希望能將我所學的交付給他們，將它傳承下去。」賴老師的教學之路才開始一年多，在她的華語學習路上，有些刻意，但大多是因緣分的牽引走上了這條路，華裔的父母都有種「勿忘本」信念，因為是華裔第三代，對於華語，賴老師有種深深的感觸，引導她扎下深厚的華語基礎。

突破環境，勇往直前

兩位老師表示，目前印尼華語教學除資源缺乏，教學環境也是一大隱憂，一部分的學生由於家庭環境的限制，只有在上課時才能接觸到華語，在印尼，華語仍屬非正規科目，一星期只有兩堂課，除幼兒班三十分鐘，其他年級一堂課四十分鐘，上課時數少之又少，在雅加達情況普遍如此，學生對華語的興趣，是靠老師們一點一滴耐心培養建立起來，學生學得辛苦，老師們教得更苦，那麼他們堅持這份工作的動機何在呢？「只要看到他們有成長、有進步、學得開心，我就很高興了！」兩位老師淡淡笑道，彷彿漫不經心的言談中，任何人都明白了華語能在印尼茁壯的原因了！

全是滿足，從他們的眼中，華語正在茁壯。

無論是當下或是未來，一切都值得期待

「我期待『明天會更好』，今天的一切都是一個經驗，我期待一天比一天好，希望未來是更進一步，日新又新的一天！」這是賴老師給自己的鼓勵，她期待更美好的明天，這似乎也是她對印尼華語教學的期望，陳老師在旁點點頭說道：「**我覺得跟學生相處，讓**

我懂得『教學相長』這句話，我們是經驗者，但從學生身上我學到更多的教學方針。」在他們的眼裡，無論是未來還是當下，華語教學都值得期待！

中年過動兒

雅加達
梅文斌老師口述
楊馨採訪撰寫

你知道嗎？當你看見他的笑容，他總是正在大家面前呈現讓人眼睛一亮的文字教學法：他睜大眼睛、滔滔不絕、興奮並且笑著告訴你「華」是由「二十一二十二」這些數字組成的，代表著 21、22 世紀正是華人的世紀。你會驚訝於發現這個眼前有著娃娃臉的中年人，對於華語教學有著無比的爆發力以及熱誠，就算隔著一副眼鏡，依然散發著強烈的光芒。

正式教授華語至今已經六年，他認為教授華人子弟說中文是件非常快樂的事情，但是誰又想得到，眼前這位老師，在年輕時代根本就是不愛唸書的。在他小學三年級的時候，受到了一位印尼人的言語刺激，於是學生時代就下定決心要到中國學中文，自己身為中國人，一定要了解中國的文化，更何況一句中文都不會說呢？於是他分別到了台灣以及中國唸了輔仁大學還有矯正發音的課程。在完成學業之後，他還是工作了一陣子，但是後來為了教華語，便辭去了所有的電腦電子相關工作，他想要專心地教華語，雖然錢不多，但是得到成就感，卻比什麼都快樂。

他說：「我認為教華語是很快樂的，為什麼呢？因為我從小就有一個願望，除了自己要會華文，我也想要把我會的東西教給我們華人子弟，後來 2000 年我就把我本來的工作辭掉。」

目前正在教的有將近 150 位的學生，還有來自印尼唐厄朗八所學校的學生，都對於他的家教深感興趣。他總是努力的鑽研教學法，深信創新、有創意的教學法，能夠讓學生快速地學習中文。並且認為最完美的教授華語上課時間為 45 分鐘，不能多也不能少。他喜歡活潑的教學法，總是告訴學生，學中文不難，尤其是寫字，一點都不難。如此，無形之中，學生與中國字的距離就縮短了一大半。接著，他會說故事，一個字有一個故事，他不要學生死背著中國字怎麼寫，他想要在學生的腦裡，留下回憶文字的線索。他也強調「聽・讀・說・寫」的教學順序，他發現每個語言都會有不同的教學方式以及順序，而華語文，就是要先「讀」再學著「說」才是最恰當的順序。

學生越來越多，證明了他的教學法是正確的，但是其實他最想要再進修的是中國的文學，如果有時間的話，也想要編一套書，關於字的聯想，一起向大家分享這樣一個快速的學習法。

他老是說自己其實沒有當老師的資格，因為沒受過做老師的教育，不是教書的料，但是當他的學生從四面八方來學習中文之時，那不就證明了他是個成功的老師嗎？

一個留著小平頭戴眼鏡，有著一張娃娃臉的中年人，當他踏上講台，一切都變得不一樣了。

用雙手開創自己的人生
華語文教學達人

雅加達
洪媽妮老師口述
王藝錞採訪撰寫

　　洪媽妮老師，一個臉上總是笑瞇瞇，一個發出笑聲總是呵呵呵的可愛好老師。

　　她來自印尼的雅加達，清爽的馬尾和笑顏讓人一點都不知道她已經是三個孩子的媽咪。

　　第一次看到他的名字，我覺得好可愛喔，媽妮，money money，應該是「很有錢」的老師吧。而初次見面洪媽妮老師一身樸素高雅，俐落大方，臉上那抹微笑讓我第一次見面就心生好感，心裡也暖洋洋。

　　也許是我也大喇喇的一點都不謙虛，很快就和老師打成一片，聊得不亦樂乎，我問媽妮老師說：「這麼特別的名字是誰幫你取的呢？」她又開始可愛的呵呵呵笑了起來，她說是爸爸取的，秀美老師還在一旁開玩笑說：「你爸爸一定是希望你賺很多很多錢。」媽妮老師也開始笑瞇瞇的滔滔不絕說：「呵呵呵～我的學生都叫我紅包老師，因為我是洪阿 red，媽妮又跟 money 一樣，所以她們叫我紅

包老師，紅包老師的，我過年啊也會在房間裡掛很多紅包，給學生她們跳高去摸紅包啊，她們也都會很開心。」

媽妮老師目前擔任家教，她的學生從 3 歲到 15 歲都有，媽妮老師對待她的學生就像自己親生子女一樣，如果小朋友指甲太長，她還會幫她們修修指甲，媽妮老師因材施教的教法，給每一位學生的盡心照顧，儘管一個班上每一位同學程度上會有所差異，但她都可以把她們照顧的服服貼貼，無微不至。

會開始從事華語文教學，一半也是因為她的老公也是一位華語文老師，看著老公的學生越來越多，生活也開始忙碌，體貼的她也想要幫老公分擔，她中學時就在新加坡讀華語文相關科系，所以對她來說倒也是得心應手，到現在也教學一年多了，常常和另一半一起分享教學經驗，教學相長，讓我好羨慕喔。

隨著社會的腳步，學習華語文這股熱潮在印尼也開始風行，媽妮老師也衷心希望華語教學可以越來越普及，不僅僅是新加坡教材或是中國大陸的教材，亦或是台灣僑委會的教科書，她希望有朝一日，印尼也可以有一套教材，每一位在印尼任教的華語文老師都可以有認證。帶給印尼的小朋友也好，想學華語文的每一位學生更好的權利和環境。

學中文也可以很開心

雅加達

陳秀美老師口述

王藝錞採訪撰寫

「學中文其實一點都不難，而且很好玩。」這是全身散發自信光采的秀美老師這麼說的。來自雅加達的陳秀美老師一身小麥色健康膚色，波浪般捲捲的長髮，亮麗自信的時髦外表，還有超級燦爛的笑容，加上也許是因為和我同年紀，讓人一見面就像老朋友般的談得來。

23 歲的秀美老師目前在補教業、幼稚園擔任華語文教師，年紀輕輕的她已經有 3、4 年的華語文教學經驗了呢，秀美老師說他10 歲那年，就被爸媽送來台灣學中文，也許是因為那時年紀還小，她覺得很刺激也很好玩，加上她大膽爽朗的個性，她很快就適應環境。一開始她在台北的劍潭海外青少年活動中心學習中文，她覺得士林真是好玩，又有得吃又可以逛街的，她每天都很開心。後來進入華僑中學就讀，然後考上政治大學……聽到這裡我真的大吃一驚，心裡想「秀美老師真是酷斃了!!」

在台灣有 6 年之久，認識很多朋友，去過很多好玩的地方，很想把這裡介紹給印尼的朋友，也發現華語文教學的重要，於是她又

回到了印尼。秀美老師說：「華語文其實很有趣，在印尼也很需要這樣的老師，在印尼也開始越來越多小學甚至是幼兒園都有華語教學。」

　　談到秀美老師的教學法，因為秀美老師教的是幼兒園小朋友，所以秀美老師會用一些遊戲、活動來讓小朋友更有興趣去學習，例如：賓果遊戲學中文單字。秀美老師用心地為學生準備講義，還有一些他自己設計的教材，並且一一幫學生找出學生的學習弱點，加強改進。

　　這次秀美老師來台灣，最希望可以多找一些華語文的教材，卡通片也好，圖畫書阿，她希望可以給印尼的小朋友更多更多資源和樂子，因為他覺得：「其實學中文一點都不難，真的很好玩。」

發揚捍衛華語園丁（衛理初中校長）

雅加達
吳逸頻老師口述
林芝如採訪撰寫

身為一所華裔學校的校長，吳老師身上背負著發揚華語教學的重擔。她思索著在華文教育中斷了三十多年的今日，要如何讓華人子弟學生重視華語學習、認識祖先文化的優美，並成為一位身、心、靈俱全的華人。

華文教育的枷鎖

吳老師說：「華語教學停擺了這麼多年的結果讓校內的華文教育面臨了相當大的困境。雖然華語教學已經開放了，但是印尼政府並沒有規定學生一定要研修這門科目。而且每一所學校對華語教材的選擇、使用都不一樣，對於不同地區、程度轉學生的教學常有銜接上的難度。很多華語程度低的轉學生不知道為何要學華語以及認識祖先文化的重要性，再加上，他們的父母也沒有受過華語教育，學生回到家中沒有使用華語交談的環境，這讓對華語已經沒有學習動機和興趣的學生而言，是雪上加霜。」所以，吳老師便在教學

的政策上做適當的改變,例如:增加課後輔導課程、加強班級管理以及培訓校內華語教師等方面。

華文教育再出發

在印尼,當老師並不是一項薪水優渥的工作,所以,目前印尼的華語教育都面臨著師資缺乏的問題,吳老師說:「如果是沒有愛心的人根本就不會選擇教師工作的。」她認為在此種環境下應把提升華文教師素質列為前題,並思考如何加強印尼教師的教學法,讓整個印尼華語教學重回正常的運作。

回憶起自己求學過程,吳老師說她直到初中才停止華語學習,但是由於她的父母都是華語老師,所以對吳老師來說華語學習並不困難。高中時期,吳老師轉學到雅加達地區的學校。那時候,老師印尼語的發音並沒有十分標準,讓班上同學對於她的發音、腔調嘲笑許久。這使得老師對於華語教師的發音教學上相當的重視,她認為發音的些微差異會讓別人曲解你的意思,更可能扭曲了中國語音的原先意義,所以華語老師在教學上的這一個環節應不容小覷。

用愛灌溉學人

吳老師指出校內的教育方針是秉持著以愛為福祉來教育學生。此理念不單單是著重在學生的學習之上,也落實在輔導學生人格、個性發展之上。因為每一位學生都有他們的獨特性,老師應該找出學生的優點加以肯定並在學生的不足處引導他們改進、向善。此外,校內也有一年一度的華語週,讓學生在種種華語競賽中的團體合作下加強學習華語的動機。

吳老師認為華語教師們就像是一盞盞的蠟燭，燃燒著自己為他人發光，更為這條華語教學道路重新照亮光明與希望。老師更覺得一位好的華語教師是否能持續地發光發熱，取決於老師本身的努力。如果華語老師喪失或者根本沒有教學熱忱，那就無法在課堂上帶來不同的教學氣氛並運用多元的教學方式為華語教學帶來生氣。

半路出家的引渡者

雅加達

張丁心老師口述

許弘昌採訪撰寫

「宏揚中華文化，將它傳承給下一代，是我最想要做的。」張丁心老師帶著笑容，道出自己當華語教師的信念。彷彿慈母，散發慈愛的眼神，擁有耐心和愛心，指引學生學習華文。

華語教育的歷程

張丁心出生於 1946 年，目前在雅加達的聖道基督教學校任教。她從小學習華文，到了初中二年級因印尼排華才中斷，後來轉入國民學校，高中畢業後攻讀醫學系。1965 年由於印尼發生政變而輟學。之後便結婚在家當家庭主婦，且在家裡為小學生補習印尼文、數學等基礎國民課程。

1999 年，參加印尼歸僑開辦的漢語語音培訓班。張丁心過去就有華語基礎，所以參加培訓，進而深入學習華語教學的知識和技巧，並在 2004 年，取得廈門集美華僑大學漢語專業系的海外自學

考試證書，有六年的華語教學經驗。張丁心笑稱自己是「半路出家」，從洗衣煮飯的家庭主婦搖身一變，成為一名華語老師。

文化觀念的養成

「現在印尼年輕一代的華裔，很多都沒有中國文化的觀念，已經被印尼人同化了。」張丁心語重心長地說出這番話，並拿節慶作例子。她提到印尼的春節十分平淡，幾乎沒有過年的氣氛。有些信奉基督教的人甚至認為那是佛教的節日，所以不慶祝，但其實那是華人的傳統習俗，應該受到重視。

「有一次我問學生中國的傳統節日有哪些，孩子竟然回答母親節和情人節，可是這些是西方的節日。孩子過春節都只想到要拿紅包，卻不知道春節的由來。」張丁心特別指出這些隱憂，並希望在教材編寫上能多下工夫。她認為應該編一本關於中國傳統節日的教本，包括端午節、中秋節等等，老師要向學生講授各個節日的來源和傳說，配合優美的插圖和活潑的教學，讓新一代華裔子弟瞭解中華傳統文化，珍惜優良的美好傳統。

老幹新枝的傳承

關於文化，張丁心還提到現在學生缺少基本的禮貌，不懂得尊重他人。中華文化有禮、義、廉、恥的觀念，若能確實教導這些觀念給學生，讓學生真正做到，甚而能推己及人，是她最大的心願。

家人很支持張丁心為華文教育而奉獻，她對於自己孩子的教導更是不遺餘力。她的女兒現在就讀北京語言文化大學的漢語系，說不定以後就能繼承其衣缽，從事華語教學的工作。

　　張老師的座右銘是：「學無止境，活到老學到老。」所以她隨身都帶著一本漢語拼音的讀音表，以便查閱和檢索漢字的正確讀音。從張丁心的言談裡，令人深刻感覺到她對華語教學的投入，以及捍衛中華文化的堅持。

帶著希望、抱著熱忱「衝」、「衝」、「衝」

雅加達

鄭石玲老師口述

黃瓊慧採訪撰寫

栽培小幼苗的手

鄭石玲老師高中畢業後選擇來台灣唸書，剛開始是在語言學校學習華語，之後到逢甲大學唸書，初接觸華語時，因為很害怕說錯，曾有一段時間不敢開口說話。以她現在流利的對答，真的很難想像她曾經有這麼一段過去。

鄭老師回國後從事華語教學至今也有四年的時間，由於鄭老師所教的學生年齡層較小，因此大部分都是以帶動唱的方式讓學生在歡樂的情境中學習。不過每位學生學習華語的動機不一，有些是被父母逼的，有些則是自己本身想學，所以如果遇到學習動機較低的學生，她通常是給予獎勵的方式，例如給獎品或是糖果來鼓勵學生學習。不過也有許多對華語充滿興趣的學生，有些學生不僅在課堂中學習得很快樂，回到家還會跟父母說今天在課堂裡學到了什麼，甚至還會教父母說華語，因此讓學生從小就喜歡華語對日後的學習有很大的幫助。

華語界的灰色地帶

　　華語教學目前在印尼急欲推動，但是師資參差不齊，有些老師只懂得一點皮毛就到學校應徵，而學校方面也因欠缺相關人才，不知道教師的水平就聘用他們，最誇張的案例是老師本身學得不多、發音也不好，在教學時索性只教拼音卻沒教學生聲調，導致學生學得不好，家長也會認為學習效果不佳，沒必要再讓孩子繼續讓學下去，因此中斷了許多孩子的華語教育。因此幸運一點的學生，他們會因為找到好老師而學習得很好；而那些不幸遇到只懂皮毛老師的學生，也就只能自認倒楣。華語教學在印尼才剛開放沒幾年，希望這些都只是個過渡期，如果將來，台灣能給多一點的機會和讓台灣教師和當地的師資作交流及培訓，讓師資達到穩定且平衡的發展，相信可以讓更多想學華語的印尼子弟學習的更加有效率。

華語界的明日之星

　　雖然鄭老師從事華語教學沒幾年的時間，但是對教學充滿了熱忱，她說：「身為一位老師不僅華語要說得好，更要懂得學生的心理，知道他們到底在想什麼。」有些老師不是因為對教育有熱忱而當老師，而是憑著自己會說華語所以就當起華語老師，不僅不會站在學生的立場改變學習方式，甚至還會因為學生學習效果差而放棄學生，這些都不是身為老師應有的態度。鄭老師認為當老師除了要對教學有熱忱的心之外，更重要的是有愛心及耐心，看到學生學習的很好、進步，對自己是一種鼓勵也會很有成就感，會更有動力繼續推動華語教學。

楠榜
姚秀蘭老師口述
丘碧雲老師口述
陳韋雯採訪撰寫

教育遠勝於教學

姚秀蘭以及丘碧雲兩位老師，來自於蘇門答臘南端的楠榜，任教於菩提中學，是所佛教學校，學校的孩子們並不富有，一週一次的華語課，對這些學生來說沒有辦法真正學習到中文，而兩位老師則是擔任義教的工作，自願在下課之後輔導這些想學華語的學生。兩位老師的外表看起和一般人沒有什麼差別，經過一番的訪談後，教學的熱忱以及對孩子們的關懷，卻能深深撼動人心。32 年，印尼排華運動，在這兩位老師的心中劃下一道深深的傷口，小時候曾經在學校用中文學習，但是 32 年的禁錮，印尼的華僑像是海中的孤島，求助無援，他們的孩子無法真正的學習中文、傳統的中國文化，雖然現在印尼解禁了，但是這一大塊的傷疤，需要很長的一段時間才可以復原。

華語教育與華語教學

他們在教學方面，很多地方都需要靠自己去琢磨，從不同的地方慢慢蒐集需要的教材，一點一滴慢慢教孩子們學習華語，資源的缺乏，讓他們需要更多的努力，海外教材的一點點幫助，對他們來說都是很珍貴的寶物。他們認為的華語教育，不只是單純教導孩子說中文而已，而是在當中灌注文化的成分，說中文會聽懂能溝通雖然很重要，但是對於中國的文化、中國的傳統更為重視，認為孩子們不只是學中文，更需要學習禮貌、孝順，長時間與中國文化的隔絕，新一代的印尼華僑對於中國的文化可說是一竅不通，兩位老師希望自己能盡一份微薄的心力，把自己學習到的中文以及文化，盡量的教導這些印尼華裔的孩子們。

對於現在的印尼華語老師，他們認為謙虛的自我充實是很重要的，並不是自己學到什麼，就照本宣科的教給學生，更重要的是自己需要經過一番的咀嚼、整理過後，才可以把自己學到的東西讓學生們學習。錢雖然很重要，但是下一代的未來也是不容小覷的。

微薄學習

對於台灣的華語老師，有沒有什麼建議？兩位老師都覺得漢語拼音以及簡體字是很重要的兩項工具。注音對第二外語的學習者來說，是很陌生的符號，如果教他們注音符號，就很像所有以前學過的基礎中文發音全部重新來過一樣；而簡體字也是，連簡體字都很難書寫，更何況是我們的正體字。

在印尼學習華語是自願的，要教學生們艱深的中文是比較不可能的，如果學生們的成績因為華語而下降，家長常常會對學校做出

反應，華語被停課的機率就會變得很大，所以印尼的老師們只好出很簡單的考題，讓學生成績提高。

華語教育的難度比華語教學簡單，除了教他們認字、寫字之外，對於自己國家的認知比表面上文字的溝通重要多了，兩位老師都認為活潑的教材比較能提升學生們的熱情。

關懷的情操

華語文的教育對兩位老師來說，比金錢重要多了，在楠榜這個地方教孩子們說中文，或許不是真的能夠有很大的效果，但是這雙關懷的援手，卻是無法抹滅的，對於下一代甚至下下一代的中國文化教育充滿著無限的熱情，當問到他們怎麼樣才能算是一個很棒的華語老師？不約而同的回答都是：「愛心。」

無心插柳柳成蔭

楠榜
丘玉華老師口述
陳宛儂採訪撰寫

　　戴著一副眼鏡，個子不高，看起來很和藹的丘玉華老師，口裡總是說自己不是教華語的料，但是如果你和她說過話，你會發現她是真心為學生著想，滿腦子都是怎樣讓學生對華語有興趣。

有錢出錢，有力出力

　　從小在蘇門達臘長大的丘玉華老師，原本跟隨家裡從事運輸行業，後來公司關閉了，恰好有些朋友鼓勵丘老師說：「現在很需要華語的師資，你不是會說華語嗎？你可以去教華語呀！有錢的出錢，有力的出力嘛！」丘老師心想：「對呀！我沒有錢可以出力呀！」於是從 2003 年開始，丘老師開始教華語，重新拾起多年的回憶，她笑著表示：「其實我本來沒想過要教華語，是朋友鼓吹，我才來教華語的，不過也挺有趣的，還可以賺錢。」

回憶當初，沉睡的華語

一九六六年開始，印尼開始禁華文、也排擠華人，在這樣的環境壓迫下，大多數的華僑為了生存，都入了印尼籍，丘老師自己也是，許多人不得不把所有有關華語的東西都銷毀，像是書籍、文憑等等，因為在那個時候，如果違反規定，擅自教華語、說華語，是要被抓去關的。雖然那時丘老師還沒開始執教，但對於這樣的情況，也覺得憂心忡忡，她說：「當初禁華文時，因為怕被發現，我們就自己把東西都燒掉了，那時候的生活很緊張、每天都很害怕。」就這樣，印尼的華語學習，進入了冬眠期，等到再開放，已是二〇〇〇年了，一晃眼就過了三十四年的光陰。

圖說華語

現在丘老師在蘇門達臘的菩提學校教華語，一星期上兩堂華語課，一堂約一個半小時，內容是生活會話，教材是參考學校的課本，也有老師自己編的教材。另外，她也利用課餘的時間免費替學生補習，一星期一次，一次兩堂課，雖然同學愛來不來的，也沒有興趣學習，但丘老師還是很盡力的幫助學生，想盡各種方法，像是說故事、看電影等等，讓學生可以更有興趣、更想學習。丘老師感嘆地說：「要是能有好的教材，像是連環漫畫、故事書，上面有很多圖片配上一些文字，我就可以給學生說故事，讓他們對華語產生更大的興趣。」據她表示，現在的華語教材，都不夠有趣，無法引起學生學習的動力，她也謙虛的說自己也不夠活潑，對學生沒有吸引力。

用華語敦親睦鄰

同時，丘老師也免費教鄰居一些家庭主婦說華語，不同於青少年的會話課程，不要求他們要寫字，只要聽、說和認字，內容大多是一些實用的對話，具功能、任務性的，像是買東西、打電話、問路等。她笑了笑說：「他們也學得很開心呀！因為他們可以用華語說話、唱歌，他們最喜歡的就是去卡拉 OK 唱華語歌。」

散心再出發

丘老師常說自己不是教華語的料，因為她覺得自己不夠活潑，不具吸引力，但實際上，她卻有著滿滿的熱忱，只是很多時候，學生的不努力讓多愁善感的她備受打擊，這時候，她會暫時放自己一個小假，找朋友聊聊、散散心，然後繼續充滿活力教華語，她肯定的說：「雖然我們的記憶比不上年輕人，但是說到文化、傳統等思想，還是年長的一輩比較在行，經驗也比較豐富。」未來華語的發展，還是要靠大家努力！

教華語，永不放棄

楠榜

林寶蓮老師口述

陳宛儂採訪撰寫

個性開朗，笑容可掬，談吐間散發親和力的林寶蓮老師，是一個健談、熱心的華語教師，如果你缺人代華語課，找她準沒錯！

華人的使命

來自印尼蘇門達臘的林寶蓮老師，有著一顆熱誠的心，她對華語教育的推展，有著濃濃的使命感。她說：「如果每個人都能說上一點華語，那就是我最高興的事情了！」雖然在環境的逼迫下，為了求生存，不得不入印尼籍，也不得不中斷教職，但在林老師的心裡，華語教育一直沒被放棄，只是暫時沉睡，而現在就是甦醒的時候了。她以身為華人為傲，也以傳播中華文化為己任，因為她認為這是華人的使命。

再難也要教華語

　　從小在華文學校接受華語教育的林老師，從一九六二年畢業就投入教職，為的就是讓更多的人懂得華語，進而了解華人社會、文化。一九六六年印尼禁華語的時候，林老師被迫辭去最愛的教職，改當家庭主婦，可是，個性堅持的她仍然不放棄一絲希望，還是斷斷續續的教華語，回憶起那段時光，她說：「因為政府禁止，那時候我們只能偷偷摸摸地教華語，有時候去學生的家裡教，有時候在自己家裡教，但都不能張揚，不能被發現。」在那個時候，像林老師這樣每天偷偷摸摸、戰戰兢兢的華語老師比比皆是，因為她們有個共同的想法──即使環境再險惡、再不允許，華語教育也是不容放棄的，再難也要教華語。

起步晚所以要更努力

　　印尼的華語教育，經過了三十四年的封閉，所以需要花更多的心力，才能和世界接軌。

　　每個禮拜，林老師固定參加楠榜的師資研習，與來楠榜當地的華語老師，互相切磋、學習，也不定期的參加海內外的師資培訓、研習，增長見聞、吸取新知。因為個人的力量太小，總有不足的地方，透過不斷的切磋、集思廣益，才能激盪出更美的火花。林老師不好意思的表示：「我覺得我們的華語水平太低，起步又太晚，所以一定要很努力，才能教導我們的下一代。」

熱心代課不怕累

也許有的時候，教學上會碰到許多挫折、不愉快，但個性開朗的林老師總能樂觀的去面對，用歡笑代替淚水、用愉快趕走悲傷。熱心的她還常常幫同事代課，因為教華語永遠也不覺得累，她說：「看到孩子們用華語打招呼，我就覺得很高興，所有的努力，也都值得了。」華語是溝通的橋樑，也是最好的安慰劑，學生的成果就是林老師最大的獎賞。

傳統美德養成術

教語言也要教文化，對林老師來說，中國的傳統思想和美德，有許多值得傳承的地方，可以幫助學生陶冶品格、樹立典範。她常教導學生要守規矩，不要爭先恐後；同學之間要禮讓、以誠相待；對待朋友要講義氣、對待父母師長要尊敬等。她高興的說：「這樣一來，同學之間欺負弱小、打架鬧事的現象都減少了，可見品格養成的重要性。」

大家說華語

一個星期兩堂華語課還不夠，她鼓勵學生參加課後的補習，免費再替她們上兩堂課，雖然學生們總是抱怨華語很難，不要學、不想學，林老師還是耐心的教導她們，告訴她們華語不難，並且利用各種方法，引起學生的興趣，像是說故事、看電影、唱歌等。多練習就不難，林老師表示：「我自己也在不斷的學習，每天練習寫一些字，才不會忘記，也不覺得難了。」她展現了對華語教學的無比

的熱情，因為她總是想著怎樣讓學生學得更好，對華語更有興趣，
對她來說，教華語就是她生命的全部，她的夢想是讓全印尼的人都
能懂得華語，她笑了笑說：「不只是華人子弟，如果連印尼人也要
學華語、說華語，那就太好了！」

繽紛的色彩

楠榜
侯明昌老師口述
蔡佩妏採訪撰寫

是文質彬彬嗎？好像不是，該怎麼形容眼前這位來自印尼的華文老師呢？這位男老師身上有著多樣的氣質，像是多種文化、多種身分融合為一體的，無法形容。若他是顏色，一定是繽紛的五彩吧。

從童叟無欺到沐浴春風

話匣子一開，侯明昌老師侃侃而談。為什麼到了中年才突然轉行，開始當起華文教師來了？侯老師感慨地說到：「印尼禁華文二、三十年，偷偷說華文會被抓，我連華文書都燒了，不能留的。我的四個孩子也都不會華文。」來自印尼楠榜的侯老師，說明了在解禁前，華人在印尼的悲哀。那段日子侯老師只能做做生意，掙錢，找生存的空間。若有人要侯老師信回教，侯老師就信回教，若有人要侯老師上基督教堂，侯老師也去，一切只求平平安安的過日子，那段日子做的事，都只為了能維持基本的生存空間。

　　禁華文之前，侯老師學過一些華文，但自從印尼政府禁華文之後，侯老師不能說華語了，華文書燒了，有關華文的一切都像斷了線的風箏，飛往一個遙遠的地方，不知道什麼時候能重新再接觸。直到華文解禁，侯老師的太太開始教華文，至今已經五年了，而侯老師也在最近的一年，受到朋友的邀約進入這個領域，參加進修的課程，一方面不停地自學，一方面教華文，開始為華文教育盡一份心力。

孩子們不寫字

　　談起教學，侯老師說：「我教書只有短短的一年，在楠榜的家中當家庭教師，孩子們都喜歡來上課，但都不喜歡寫字。」侯老師說明大部分的孩子認為漢字是最難的部份，因此教孩子們寫漢字時，常常會用不同的獎勵方式，來鼓勵小孩子們。當孩子們拒絕寫漢字時，侯老師就告訴他們：「如果你們認真寫字，我們就可以去逛逛超級市場。」單純的孩子們，喜歡這樣的校外教學，於是個個都會積極的學習。

是責任也是義務

　　「我沒有權利說『休息』或『今天不想教書』這樣的話。」侯老師認為，別人的父母親，將孩子送到他的家學習華文，他既然答應了，就不能不負責任。這些孩子大部分是華僑，也有部分的印尼人，但不管他們是誰，只要進了侯老師的教室，侯老師就會把他會的一切，都教給這些孩子們。至於侯老師的孩子們呢？侯老師說：「我的孩子不要我教，都到大城市裡邊工作邊學華文了。」侯老師把這些來學習華文的孩子們當成他的責任，他的義務，只要有孩子願意到他那兒學，他就會一直教下去。

把愛奉獻華語教育的雙姝

錫江

譚雪英老師口述

王蕙蘭老師口述

郭姿吟採訪撰寫

　　印尼教師和台灣學生對話會有隔閡嗎？從這次的訪談中，卻看不出我們之間的代溝。兩位活潑的老師，來自於印尼第五大島蘇拉威西省首府錫江市，分別是譚雪英老師和王蕙蘭老師。王老師接觸華語已經有三年的時間，在錫安學校的初中部三個班級教導華語，平均一班有三十二到四十二位學生，而譚老師已經是三個小孩的媽媽了，在錫安學校的迦瑪烈小學部任教華語，接觸華語也是三年的時間，兩位老師從同一個文化促進會接受中進修到同一個學校教授華語，所以兩位老師可說是同窗契友，相互勉勵的好朋友。

學海無涯　從學習中成長

　　兩位老師對於自己的華語程度，總是抱持著「學海無涯，唯勤是岸」的態度，認為自己怎麼學都還是不夠，總是謙虛的說自己的華語程度還不好，發音總是還不夠準確，在教導學生一個禮拜不到

兩個小時的課程中,指導學生的同時老師也慢慢在成長,老師們活潑有趣的教學方式讓學生容易了解,而自己也從學生那邊得到生活中的教材。譚老師說到,「學生總愛纏著我說:『老師、老師幫我們翻譯一下,老師、老師我們愛唱老鼠愛大米』我就把詞翻成漢語拼音,又抄漢字的,這回學生又說了:『老師這我看不懂呀!』我就問他們為什麼漢字不能夠,唱歌就容易真是拿他們沒辦法。」老師就看準這一點,學生對華語沒興趣沒關係,大家愛唱歌那就從歌詞來教華語,歌詞裡有的單詞,老師就會在課堂上解釋那些詞的漢語拼音、筆順、而老師有不懂的地方也會去查閱字典,王老師說:「在我還沒成為老師之前,可能不認識些什麼字,但現在一遇到不會的就會想要去翻翻字典,看看漢語的書。」兩位老師就是這樣藉由指導學生的同時,也一步一步的進修自己,一邊教導一邊學習。

因材施教　引發學生學習慾望

　　王老師和譚老師分別是初中部和小學部的老師,而不管哪一學級依程度都會分 ABC 三個班級,初中部成績最優秀的是 A 班,在那個班級裡面理所當然的學習華語的風氣也就比其他兩個班級好,表現出來的成績也不一樣。普遍來說,印尼當地少部分學生不喜愛華語,他們認為這是不重要且沒有必要的科目,而且華語帶給他們的只是複雜的筆劃,發音的困難,由於學生父母親年紀較輕,就學時期正處於華語教育斷層的三十年中,大部分都不懂得華語,而一個禮拜一次的華語課程,學生只有在那時候可以提出學習上的問題,身邊接觸的生活環境都是充滿印尼話,一傅眾咻的學習情況加深了學生學習華語的困難度,王老師就說了:「A 班的學生都很

肯學，C 班就真的比較不好了，對於成績比較不好的學生我會給他比較簡單的教材，像 A 班的學生就出比較難的作業。」對於學習華語感到棘手的學生，給予他們比較能吸收的作業，讓學生從成績以及測驗結果得到成就感，從中引發學習的欲望。

填補華語斷層　重新出發

1965 年在印尼一場嚴重的排華運動，華語教育就此中斷，之前所有前人所努力栽種的華語教育幼苗就此摧毀，一張漂亮的成績單就這樣被撕毀，直到 2000 年才又漸漸恢復華語教學，兩位老師對於華語可以重新振興當然是樂不可支，但一切就像一張白紙得重頭開始，需要由新一代的教師來為它創造出一個全新的里程碑，兩位老師對這樣的現況感到心急如焚，王老師教學的座右銘就說了：「我就是想要把我所有學到的，全部都教給學生。」三十年的落後，造成大部分學生對於華語是陌生的、難以吸收的，但是譚老師相信，本著他喜愛華語的熱忱一定就可以達到教育下一代的目標，譚老師就說到：「我從以前就想當老師，對華語又特別有興趣，我就是喜歡華語。」但如何克服這三十年的斷層呢？譚老師說：「當老師最重要的就是愛心和耐心。」相信過不了多久，新一代的華語教師會讓我們看到耳目一新的漂亮成果。

精益求精，樹立終生學習的好典範

錫江
曾麗芳老師口述
中爪哇日惹
藍柏鍵老師口述
姚淑婷採訪撰寫

　　打扮樸實，卻散發出一股為人師表的溫和氣息，來自東印尼的曾麗芳目前在聖道中小學任教，而來自中爪哇的藍柏鍵目前在卡查瑪達國立大學任教，他們倆人都有多年的教學經驗，也有著共同的情懷及理想，在印尼這塊土地上，辛苦耕耘著「華文教育」這塊園地，如今，這塊園地上的花朵，即將含苞待放，嶄露頭角，大放異彩。

落地生根的客家本色

　　同樣身為客家人後代子孫的曾麗芳和藍柏鍵，回顧起當時祖父及父母一輩的人從廣東到印尼白手起家的打拼過程，極為激賞，又不得不提到當時社會中的排華現象，曾麗芳感慨地表示當時實施所謂的「愚民政策」，印尼本地的人都認為學華語是很笨的事情，所

以當時的華人總是教導他們的小孩子外出時不能說華語，除此之外，生活上還有很多不平等的規定，像是強迫他們改名，印尼本國的國立學校限定校內華僑子弟的學生名額等，所以當時他們生活環境是備受歧視的，即使如此，他們仍然堅持要保有中華文化，不能忘本，尤其是藍柏鍵，他指著名單上自己的姓名，證明自己堅持不改名，就是因為他深知自己身上流的是華人的血統。

順應上帝的指示

如何走上華文教育這條路，倆人都說明這與自己從小在家裡說華語的因素有很大的關係，在這樣的環境之下成長，他們都認為會說華語是很自然的事，曾麗芳還說自己是虔誠的基督教徒，當時在那樣備受歧視的環境之下，因為基督教的傳入，他們的生活才有所改善，所以她從很早以前就在教會裡面使用華語傳道，講解教義，後來華語解禁之後，她便在教會學校裡教華語，也因為自己非常喜歡小孩子，喜歡跟小孩子玩在一起，教他們講華語，讓她雖然已屆退休的年齡，仍然踴躍參加華語的培訓課程，對華語教學一直保有充沛的熱忱。

藍柏鍵則說明自己會當上華語教師，一切皆非人為的因素，他從來就不會毛遂自薦，推薦自己到任何學校或機關，這一切都是上帝的指引，回想起當時華語解禁前，他曾有「英雄無用武之地」的感慨，但是會走上這條路，都是因為上帝的允許及恩惠，他曾經向上帝禱告：「我是誰？我從哪裡來？要從哪裡去？怎樣發揮我的才能？……種種的問題。」後來隨著時勢的變遷，順其自然，是上帝

的安排讓他有此機緣，他謙虛地笑著說：「我不是英雄，不會造時勢，而是時勢造英雄。」

柳暗花明轉圜路

藍柏鍵接著說：「改朝換代之後，現今印尼政府已經對華語有明瞭的看法，在印尼，百分之七十、八十的商機都掌握在華人的手上，我們曾有一種說法：『沒有華人的地方，那個地方就不會開發、繁榮』……」，他欣慰地表示中華文化可以加入他們當地，自己身為「龍的傳人」，最希望看到的就是中華文化在印尼發揚光大，讓新一代的人明白華族的文化還有儒家的思想及道德觀，遺憾的是，他們老一輩的華語教師南腔北調，就如他自己受到爪哇語的干擾影響，講華語的聲調都不太標準，相對地，他對年輕一代的華語教師也有一些看法，他認為年輕教師在教學上是很有本事，但卻似乎少了一點兒對中華文化的深厚情感，他看到的反而是他們對『名望』的追求，以及點點滴滴累積起來的可觀收入。

曾麗芳異口同聲地表示贊同：「因為出發點不一樣嘛！我們老一輩的華語教師除了教給學生課本上的知識以外，中華文化的傳承更是我們的重要使命，年輕一輩的老師從小沒有接觸到華文教育，自然少了對祖國的深厚感情，不過，我也很開心見到有更多的新血注入這塊領域，畢竟現在印尼華語文師資嚴重缺乏，看到多一點兒人投入，讓我對華文教育的發展仍持著相當樂觀的心態。」

從金庸看現代學子

　　曾麗芳和藍柏鍵都曾拜讀過金庸的武俠小說，讚賞地說這是中國文學的經典，藍柏鍵還打趣地說：「從看金庸小說就可以看出自己的華語程度。」他表示自己以前總是一邊看著金庸的武俠小說，一遇到不會的字就馬上查字典，他就是這樣自習而來的，反觀現在，在印尼學習華語有一個怪現象，就是學生只學拼音，根本看不懂漢字，而且聲調也需要加強，他皺起眉頭地說：「因為教學法不對嘛！現在印尼的學生會聽會說，但不會看，更不用說寫漢字了。」他認為要讓學生學好華語就要改變教學法，應該要聽、說、讀、寫四種語言技能都要注重。

　　至於如何當一個好的華語教師，曾麗芳認為老師應該拉近與學生的關係，保持雙方友好的互動，這是需要長時間努力的，此外，老師也要多鼓勵學生，讓學生了解到學習華語的重要性，不論是印尼土著或是外來的印尼人，都能一起學習華語，這是她認為最值得高興的事情。

開創更多的可能

中爪哇日惹
蕭素珍老師口述
范嘉琪採訪撰寫

　　蕭素珍——目前任教於日惹 Muhammadiyah 回教大學以及
Bopkri I 高中。在 Muhammadiyah 回教大學裡所使用的教材為國立
台灣師大國語中心編寫的《實用視聽華語》；而在 Bopkri I 高中裡
所使用的教材則為北京語言文化大學出版的《新實用漢語教程》。
華語教學經驗為兩年。

用心灌溉，花兒綻放

　　蕭素珍的華語教學時間雖然才短短的兩年，但是教學的經驗卻
極為豐富。談起這兩年的教學經歷，她有說不完的故事。她想了想
在這兩年中，令她印象深刻的教學經驗，說道：「在我任教的高中，
華語課是必修課。唸語言班的高三學生在畢業前要通過「國家統一
考試」後才能畢業。反之，如果沒通過，就要留級一年。在今年我
帶了一個高三的班級，裡頭就有三位因去年考試沒通過而留級的學
生。面對他們，我的壓力真的好大，很怕他們今年又無法畢業。不

過好險，在我們共同努力下，這三位留級的學生以及其他學生都已順利畢業，我真的很開心，也鬆了一口氣。」

面對壓力很大的高三學生，蕭素珍在上課時常會想一些活動，來幫助學生學習華語，這樣除了可以吸引學生的注意力以及學習動機外，也藉此讓學生緊繃的心情得到放鬆。像是「歌詞填空」這樣子的活動，藉著讓學生聽時下流行的華語歌曲，除了能增加上課樂趣，同時也學到了華語詞彙。這樣的教學方法學生的學習成效會比較好，可以說是一舉兩得。

蕭素珍也以其自身的經驗來比較大學生和高中生在學習華語方面的異同，她認為大學生因為是自己選修華語課，因此學生的學習動機比起高中生來說是比較強的，所以教大學生會比較輕鬆。她說：「雖然高中和大學上課所使用的教材不一樣，不過內容卻是差不多的，都是從初級開始。但是由於大學生的學習動機較強、思想較為成熟，懂得為自己的學業負責，再加上大學的教學設備也比高中好一些，因此整體的學習成效就會比高中生來得好。」

看到學生的成長，蕭素珍感到無比的快樂，這也是促使她想更多更多對學生有幫助的教學方式的一大動力。她用心教學，全力付出，因為不想讓自己與學生有任何的遺憾。

期盼，雲開霧散

蕭素珍因為自身非常喜歡中華文化，因此在 2002 年時特地來台灣的師大國語中心學華語，雖然覺得華語真的是越學越難，不過卻不減她對華語文學習的興趣。在 2004 年她回到印尼，致力於華語文教學工作，即便在教學過程中遇到挫折，她仍不灰心。她常告

訴自己「做事就要快樂地做，不要給自己太大的壓力。」因為她的樂觀及開朗，所以她勇於挑戰。她，熱愛華語文教學工作。

　　華語文在印尼被禁了三十多個年頭，直到最近幾年才漸漸的發展起來。一切的一切都才剛起步，看在蕭素珍的眼裡，她有許多感觸，但更多的是對於印尼華語文發展的期望。她說：「在印尼，華語文教學發展是困難的。學生要學好華語更是困難的，因為學生只有在課堂上能夠得到華語語言環境，下了課就沒有了華語語言環境，因此要充分練習華語文可以說是非常的難。此外，華語教材的不統一也會造成教師在教學上的不方便。」

　　蕭素珍期望印尼的華語文教材能夠統一，如此一來學生便不會感到無所適從，而老師在教學上也不會顯得紊亂。她深深的期盼印尼的華語文能像英語一樣蓬勃發展。在華語教學的路上有任何需要她的地方，她會義不容辭，因為這是一份責任。她樂見華語文的未來的發展走向，也期盼雲開霧散的那天能快快到來。

Just Do It

中爪哇 Temanggung
何蓮妮老師口述
范嘉琪採訪撰稿

何蓮妮－華語教學經驗三年。目前任教於中爪哇 Marganingsih 天主教中學，擔任兩個班級的華語老師，上課教材為中國國家漢辦與英國文化委員會合作編寫，由人民教育出版社出版的《快樂漢語》。

威權父親，開啓人生中的另一扇窗

何蓮妮在 1999 年接觸了華語教學這塊領域，直到 2003 年才正式從事華語文教學工作。不過，其實早在 1994 年她就在家人的安排下遠赴中國大陸讀中文系。談起這一部分，她的臉上充滿笑意。

原來，何蓮妮在高中畢業後，希望能夠到澳大利亞走走看看，順便學學英語。但無奈父親的反對，使她不得不打消這個念頭，她說：「當時父親要求我，甚至可以說是用命令的方式，要我到中國大陸的暨南華僑補校讀中文系。我不喜歡這個決定，可是也無可奈

何。因為父親執意要我去，我也就只好順著他的意思。沒想到，這竟開啟了我人生的另一扇窗。」

原本沒有意願學習中文的何蓮妮，就在父親的要求下來到了中國大陸。隻身一人在陌生的國家，面對飲食習慣、生活環境、人民性格等差異，她覺得很難適應，一度想逃回印尼，但卻又怕被父親罵，於是只好忍下去。花了一段時間，再加上交到了一些志同道合的朋友，她打開了自己的心鎖，試著接納，走出戶外。漸漸地她發現自己已愛上了華語世界。

學生進步，就是最大的滿足

由於華語課在何蓮妮任教的學校為必修課，因此常會遇到一些學習動機不強的學生。面對這些學生，就必須花更多的耐心來對待他們。只要他們能對這門課燃起一絲絲的興趣，這樣一切就值得了。

何蓮妮偶爾會想一些教學活動來幫助學生學習，也藉此提升他們的學習動力。她說：「對我來說，想一個活動是十分困難的，常常會想得頭很痛。但是小活動對於教學有很好的效果，所以即使是想破頭也要想下去。只要對學生有所幫助，那麼一切都值得了。」

把華語教學當做是一份行善事業的何蓮妮時常告訴自己「助人為樂」，只要能夠幫助學生順利的學習華語文，看到學生即便是一點點進步，也會是她最大的快樂與滿足。

謙卑學習，全力以赴

在華語教學路上才短短三年的時間，何蓮妮認為自己仍有許多不足的地方。談起印尼老一輩的華語老師，她說：「老一輩的華語

教師雖然他們的發音與聲調比較不標準，教學方法也比較刻板。不過，他們的字彙庫比較完備，教學經驗也十分的豐富。他們是我的前輩，我還有很多須請他們指導的地方。總而言之，老一輩的華語老師在印尼華語教學界上是不可或缺的，他們是一個大寶庫，有其重要性。」

何蓮妮也談到台灣的教師在教法上很活潑，具有創造力，教具的使用也很豐富多樣，這種新穎的教法是她極想學習的。這也是這次她來台灣參與研習班的目的，希望能學到更多樣的教學法。同時，她也認為能現場觀摩台灣教師的教學方式，對於自己定能有更直接實質的收穫。

何蓮妮期許自己在華語教學的領域上能夠再成長茁壯，這樣才對得起自己的良心。同時，學生也才能夠有成長的機會。

華語界的無名英雄

中爪哇日惹
鄧國光老師口述
林芝如採訪撰寫

日惹華語老師

教了四十年華語的鄧老師，他覺得當一位華語老師必須擁有四顆心：愛心、耐心、包容心和上進心。在訪談他的過程中，我不但看見了一位為人師表所具備最誠摯的教學之道，也看到了鄧老師一顆待人真誠的心。

外力所不能澆熄的教學熱誠

1964 年高中一畢業，鄧老師先當英語老師，1966 年開始當華文老師。在禁華時期，所有的華語教學工作都被迫地下化。當時、舉凡一切跟華文相關的事物都遭到嚴格控制，嚴重的時候甚至還出現焚燒華文書籍的現象。他又說，在那個時候，所有的華文老師都遭到迫害，而鄧老師是以英語、華語二種語言相互教學的障眼法，避開了當地員警的取締刁難。老師說只要一聽到踏踏的腳步聲就表示有員警來了，桌上一本本的教科書都馬上迅速地由華語課本換成

了英語課本。員警問：「有沒有在教華語啊？」老師就會說：「從來都沒有，我一直都是在教英語。」當鄧老師描述這段過去時，似乎看不出他的心酸，但字句間流露出了他一生以華文教育為志的熱忱，這熱忱是不會為外力的阻擾所澆熄的。

多元的教學法與教學心得的傳授

鄧老師的教學理念是：「作為一個老師，應該要想出各式各樣的方法把知識傳遞出去。」華文教育已經全然開放了，鄧老師在教學上著重於運用不同的教學法。老師有一堂國際單位的華語課，教室內的學生來自世界各國，老師利用自己本身學過多國語言的經驗，歸納出不同語言類似的發音或是藉由比較不同語言語法的差異性來加強學生對學習華語的印象。

鄧老師強調，只要是有心想學好華語的人，不管你的國籍為何、信仰為何，都是可以學好華語的。這句話的真諦對老師本身而言也是一樣的，當鄧老師身在不同的教學環境之中，他會融入當地不同的風俗習慣與宗教。他說：「老師要跨越不同的宗教文化，才能讓學生也跟著學習、尊重別人的不同。」

當天，鄧老師有條不紊地分析成為一位稱職華語老師的特質。首先，老師要有高尚的品德，才能無悔地用愛心為學生服務。第二，老師要有專業的學術修養。另外在教學上，鄧老師秉持著因材施教的信念，他說老師要能針對不同背景文化、國籍、宗教去瞭解學生內心的思想，才能進一步掌握學生的心理需求。他還說，老師在生活上必須要有藝術感。乍聽之下，讓人認為一位華語老師好像必須具備十八般武藝的功夫，鄧老師則說華語老師至少要有基本的興趣

跟其他領域的專長，這是由於絕大部分的學生都厭倦冗長、枯燥的教學，如果老師能適時地利用趣味的話題、生動的課堂活動來引起學生的興趣，讓他們再度集中於課堂的注意力的話，那教學的成效才不會落於事倍功半的地步。最後一點，一位好的華語老師必須要學會唱歌、跳舞。唱歌、跳舞？對！鄧老師認為運用活潑、生動的肢體語言動作融入不同風俗的歌謠，帶領學生一起說唱華語，可以讓學生在遊戲中瞭解不同國情的文化，並且快樂、快速地學習、成長。

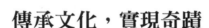

傳承文化，實現奇蹟

棉蘭

劉綠霞老師口述

黃堂瑋採訪撰寫

劉綠霞，來自印尼棉蘭，目前在三山學校高中部教華文，任教已經兩年多了。她很喜歡看書，最喜歡沉浸在金庸大師的武俠世界裡，脫離現實社會的刀光劍影，令她感到好不痛快！在參加印尼華語教師研習營以前，劉綠霞從未到過台灣，她說：「我對台灣的印象，就是在電視上看到台灣立法院的『全武行』。」又說：「我很想嘗試旅遊節目介紹的臭豆腐，不過我還是有點兒害怕。」

劉綠霞生長在華人家庭，父母親從小就跟他說華語，但是父親說的是有著濃厚的鄉音的華語。在刻苦的環境學習華語，劉綠霞有多少中文書就看多少。她說：「那時候我們過得好苦，現在的小孩子真的很幸福。」由於家庭環境因素，劉綠霞求學過程並不順遂，但她沒有放棄學習華語，反而繼續自修。華語解禁之後，因緣際會地她來到了三山學校高中部教華語。她說：「高中部的學生覺得華語在印尼沒有用處，所以對於學習華語沒有很強的動機。」即使如此，劉綠霞還是堅持本分，努力教學生華語，希望有一天學生能體

會到「書到用時方恨少」，多多學習各方面的知識，是有好處而沒有壞處的！

　　劉綠霞認為印尼的華語教師就像「牛」。牛的性格任勞任怨、不畏艱苦，即使在佈滿吸血蟲的水田裡，還是能完成工作。她說：「勤勞是學好華語的不二法門，不勤勞則任何事都不會成功。我的學歷不高，能在學校教華語簡直是個奇蹟。」吃苦不謂苦，享福不謂福。劉綠霞十分珍惜所擁有的資源並充分利用，實現奇蹟！

　　對於目前印尼華語教學的情況，她說：「印尼還有許多人想學華語卻沒有機會學習，因為他們的經濟不好，負擔不起學費，希望台灣政府能跟印尼政府加強合作，多辦一些華語學校，收費低廉一點，讓想學華語的人都有機會學習。」劉綠霞認為良好的華語老師所具備的特質是：有耐心、有愛心，能包容學生所犯的錯誤並加以改正。雖然印尼的華語教師待遇不高，但是為了延續中華文化傳統，讓後輩子孫會說華語，劉綠霞毫不猶豫地挺身而出，劉綠霞說：「華語是我們的根，如果不懂、不知道『根』，我們不就枉為中國人了嗎？」

這一條華語教學的路

棉蘭

伍俊諭老師口述

黃玉玲採訪撰寫

「華語有如一把刀，要時常磨亮，現在不把它磨鋒利，將來就無法好好地使用。」華語老師伍俊諭時常如此告誡著學生。

二十六歲的伍俊諭老師，懷抱著教書的熱情，從 2004 年開始在印尼的「蘇東牧」任教。蘇東牧是印尼當地一所相當知名、規模龐大的學校，全校有一萬五千多名學生，教學的範圍從幼稚園、國小、國中、到高中，有非常完整的教學體系。但即使是如此大規模的學校，每個禮拜的華語課程，國小只有五節課，而國中和高中更少，一星期只有兩節課，一節課四十五分鐘，也就是說在印尼學華文的國中生和高中生，一星期只有九十五分鐘是接觸華語的時間。可是伍俊諭一點兒都不氣餒，他說：「現在是因為華語剛解禁，所有的教學都必須重頭開始，從基礎開始打起，先讓他們熟悉華語、接受華語、瞭解華語的重要性，甚至更進一步愛上華語。這是我們現在身為一個印尼的華語老師該努力的方向。」

伍俊諭回想起小時候出去外面補習中文時，總是很膽顫心驚，因為當時華語還沒有解禁，他邊笑邊說：「我那時候都把課本很小

心地包起來放在書包裡，爸媽也再三提醒，如果遇到奇怪的陌生人
詢問去哪裡，都不要理他們。」有時候遇到學生不努力，我都會和
他們說以前學華語的難處。

很難想像這位教學經驗豐富的老師，之前大學所專攻的竟然是
工廠管理。伍俊諭畢業後，也曾經任職過相關的工作，但始終覺得
不是自己生命的方向。在印尼總統瓦希特上任後，華語總算在印尼
開放，在這種社會背景下，伍俊諭進入了「蘇東牧」任教，開始了
他生命中嶄新的旅程。但如果你以為他是單單靠著機運而從事現今
教學的職業，那可就大錯特錯了！伍俊諭是當地的華僑，在華語尚
未解禁之前，父母就偷偷送他去補習華語。從三歲一直到高中畢
業，這十五年的華語學習奠定了伍俊諭深厚的華語基礎，也讓他發
現自己對華語有著無比的興趣和熱忱。

「教華語」對伍俊諭來說是相當有意義的一份工作，他說：「學
了那麼久的華文，如果不能學以致用，豈不是很可惜？能夠直接使
用自己的專長，而且和學生們教學相長，我覺得這真的很棒！」重
新換跑道的伍俊諭，認為教學相長是非常重要的一件事，他說：「以
往我很少接觸中國文化中的歷史，但因為教學的需要，我獲取了很
多從前都不知道的知識，中國古典的人生道理，也重新建立了我人
生的價值觀，我認為這對我生命的影響很大！」另外，伍俊諭認為
教華語使他得到最大的成長，便是臨場反應。他說：「教書讓我認
識許多不同個性的學生，讓我學會在面對不同的人，該如何用不同
的方式表達自己的意思，以及在什麼場合說什麼樣的話。像我現在
面對一個完全不認識的人，我可以輕鬆的和他對答，而不會結結巴
巴地不知所措。」

在蘇東牧學校，國中部和高中部都有分段班，國中部分為 plus（高段班）和 regular（普通班），而高中部除了這兩種分班還另設了一種 acceleration（資優班），要在兩年內念完三年的課。而伍俊諭教十七個班級，一個禮拜要上三十四節課，他必須面對截然不同的班級和不同的學生，認真的或不認真的，有反應的或是漠然的，有興趣的或是沒興趣的。在華語教學的路上，他走的並不如預期的平順，偶爾他也會覺得倦怠，他苦笑說：「我會把在學校的時間和自己私人的時間分開，一下課離開學校，儘量不去想那些讓人心煩的事，當然想的比做的容易，有時候我還是很難放下他們（指學生），這時候就要學著寬容，多想想他們可愛的一面。」面對比較不願意接受華語的學生，他會循循善誘，告訴他們現今華語的熱潮，鼓勵他們將這一技之長學好，並且在課堂上多加入一些他們感興趣的華語課程，例如：三國故事、流行歌曲，藉以提升他們對華語的學習動力。

然而，最令伍俊諭感到辛苦的並不是學生的學習態度，而是家長與學校之間的配合度。他難過地說：「孩子犯錯在學校受罰，會和父母告狀，曾經還有父母來學校罵老師，那母親很生氣地說：『我自己都從來沒打過我的孩子，你憑什麼打他！』所以後來學校招新生進來，都會先發詢問表『能不能打？』。」伍俊諭認為，家庭與學校之間的合作，對於學生的學習是很重要的，如果家長和老師的目標是一致的，學生也才不會迷失方向。

最後，伍俊諭談到了他做人的理念，他堅定地說：「這世界上的對錯已經分好，不應該因為對自己有利，就將錯的說成對的，也不應該害怕強權或是巴結別人，就將對的說成錯的。我也是抱著如此的理念教導我的學生。」聽到他說完這番話，我相信只要是他所教的印尼學生，就算中文說得不流利，但伍老師所交給他們的思想理念也能夠幫助他們抉擇生命中的每一條岔路！

清秀佳人

棉蘭

鄭嘉莉老師口述

黃玉玲採訪撰寫

　　誰說美女不會唸書？誰說女老師都是虎姑婆？第一眼看見嘉莉老師時，我就被她文靜的氣息深深吸引住。鄒嘉莉是印尼華僑，目前在印尼的中文世界語文中心擔任華語老師，教學已經一年多了，清亮的眼睛和白皙的皮膚，實在讓人難以想像她住在蘇門達臘北部棉蘭這種熱帶地區。

　　嘉莉的父親是湖北人，母親是廣東人，父親雖然在印尼從商，仍然希望嘉莉能夠將母國的語文學好，所以嘉莉從小就和母親學習華語。而且從國小開始，父母就讓她在外面補習華語，沒想到如此一來，讓嘉莉與華語教學結下了深厚的緣分。嘉莉的華語老師在去年開辦了一家華語補習班，請嘉莉去幫忙，對華語有高度興趣的嘉莉在父母的支持下，毅然決然放棄原來的工作，到老師的補習班任教。於是老師變成了老闆，嘉莉也從學華語轉成教華語，禮拜一到禮拜六，每天都要上九個小時的班。我問嘉莉後不後悔當初決定走向華語教學這條路，她說：「我覺得教華語是我的興趣，現在當了華語老師，能夠將我的所學應用在生活中，我覺得很高興。我很喜

歡華語教學這份工作，看著學生從一句華語都不會說，到能夠簡單說出幾個華語單字，就覺得十分有成就感！」

　　文靜的嘉莉，認為教華語對她最大的影響就是訓練她的膽子和耐性，她說：「我第一次上臺教小朋友的時候好緊張，都不知道自己在說什麼，現在已經不會了！而且我也學著更有耐性去面對每一件事情。另外，也因為教導小朋友們說華語，就連我自己的華語也相對進步好多。」她又說：「我覺得，在印尼學習華語的環境不如台灣，在印尼，小朋友只有在學校和補習班上華語課的時候才能夠接觸到華語，如果回家都沒有做功課，那麼一個禮拜只有兩個小時的時間處在華語的環境，這樣的時間實在太少，也不能怪他們（指學生）學習華語的速度慢。」

　　嘉莉回想起小時候補習中文時，都覺得好像是做了什麼壞事，因為當時華語還沒有解禁，她說：「我那時候第一次去老師家，從前門進去，老師馬上就告誡我：『以後來上課絕對不能走前門！』之後我去上課，都是從後門進去的，感覺上自己好像是鬼鬼祟祟的小偷。現在的小朋友能夠光明正大的學華語，真的很幸福。」

　　處在基督教家庭中，家裡很注重溝通，每當遇到教學的困難，嘉莉總是會和媽媽、姐姐分享，在她們的關心和建議下，嘉莉渡過一次又一次的瓶頸。當我問到嘉莉的座右銘時，她堅定地說：「做人要靠自己，不能靠別人。」然後接著說：「做事情不要先設想著不行，而是要拿出勇氣，不要害怕地去做。」原來在柔弱的外面下，嘉莉有一顆堅強的心，也難怪在華語教學這條路上，她能夠堅持自己的理念，為華語付出她寶貴的時間與熱忱。

棉蘭
陳巧音老師口述
符瑞橋老師口述
戴文惠採訪撰寫

文人風骨　屹立千島

藉由這次暑期印尼教師培訓的機緣，訪談了陳巧音老師和符瑞橋老師。兩位老師同在印尼蘇北棉蘭任中文教職，陳老師來自 Champion 教育中心，而符老師則來自聖彼得華語訓練中心，兩位老師任教時間前後都有二十餘載，共同的心願都是希望能發揚中華文化，藉教育灑下華夏種子，根植千島。

不經一番寒徹骨　焉得梅花撲鼻香

1966 年印尼政府行排華政策，使得華夏文化不得在印尼推行。中文學校關閉，華語受禁，造成一段長達 30 餘載的華文斷層。但當時僅有十幾歲的陳老師和符老師仍不斷的暗地自修華文。

老師們這麼努力地堅持著就是抱著一絲希望在等待，等待中文學校的開放，而這一天，在 2000 年，他們等到了，花苞正準備要綻放，果實也將要粒粒熟成。就因為有這些滿懷熱情、不願放棄中

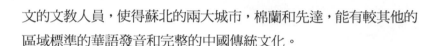

文的文教人員，使得蘇北的兩大城市，棉蘭和先達，能有較其他的區域標準的華語發音和完整的中國傳統文化。

苦中有樂，更回甘

兩位老師也提到教書並不輕鬆，也有疲累、壓力的時候，但是她們仍覺得非常快樂，尤其在看到學生從頑皮、不會說華語到變乖、能開口說華語，便感到非常滿足。

一直以來，他們都不求名利富貴，也不希望學生日後會有什麼回報，只是努力地為教育付出，希望能承先啟後傳下文化，教育好下一代。巧音老師說：「只要能讓孩子們愛上中文，我就不會放棄，因為成功之塔始於用心之磚。」巧音老師喜歡藉由作文來教學生華語。從造句開始來結成小短文、平常的週記、小小的心情簡記和散文，不斷鼓勵學生寫作，將這些作品投稿至印廣日報的兒童園地和青草園地（蘇北的第一份華文報），不過，剛開始是有些困難的，因為這份華文報使用正體字（另有一份簡體華文報是棉蘭早報），而有些學生學的是簡體字的，因此，巧音老師對學生說要上報就要會寫正體字，不然，就會前功盡棄。這一切一但引起學生的興趣後，看到報紙刊出自己的文章，不僅學生有成就感，家長也開心，學生來稿不斷，老師批改作業就變得辛苦了，不過更多的是快樂。

瑞橋老師也一樣，她說有的時候，晚上睡覺都會想起白天和學生相處的情形。老師特別喜歡教小小孩，尤其是正要開始學說話，沒有受到母語干擾的小孩。老師說她曾經教過的最小學生只有兩歲八個月大，當時是把他抱在懷裡教的。

　　說來神奇，這些只會哭鬧的小小朋友在瑞橋老師的手裡都聽話多了。老師最喜歡教小孩子的最大原因是，她把這些孩子都看成是未來的一個希望，她想全力的教育好這些希望。

向著陽光

　　隨著新潮代、新科技的來臨，華語，僅次於英文，已遍及印尼人生活之中，舉凡在政治、經濟、科學、工業、文化及體育等方面，都與華語密不可分。甚至五年、十年後，華語更有可能躍居為印尼外國語的主流。

　　但目前華語在推廣上仍面臨一些阻礙，從社會、學校和家庭三方面來看，最主要的還是學習的時間、機會太少，一旦離開教室，接觸到的多是印尼語，儘管學生們的中文發音在學校已矯正好了，一旦下了課就沒有機會練習，到了隔天便又忘記了。另外華語和印尼語的文法差異極大，更增加了理解的難度。陳老師和符老師都很體諒學生，總是絞盡腦汁地引起學生的興趣，讓他們愛上華語。儘管辛苦，依舊懷著希望，向著陽光努力。

含「華」待放的茉莉

泗水
周慧秀老師口述
侯雁玲老師口述
黃詩月採訪撰稿

　　周慧秀和侯雁玲兩人是印尼的華語教師，來自印尼泗水，信仰天主教。周慧秀曾在中國大陸的暨南大學讀書，目前任教於泗水的智星大學和新中漢語補習班。她是家中的大姊，底下有兩個妹妹。侯雁玲則曾在台灣的華僑高中讀書，現任教於新中漢語補習班。她在家中排行老三，有哥哥、姊姊和妹妹各一人。

從教書中複習、學習

　　為什麼會走上教學這條路，周慧秀很直接地表示，當初她到中國唸書，壓根兒沒想過會當老師，會教中文，純粹是覺得可惜，當年她到中國唸書，認漢字是她覺得最難的部分，她一個字一個字辛苦地背了許多的漢字，結果讀完書回到印尼，除了在工作上和台灣老闆溝通外，幾乎都用不上，她覺得非常可惜，因緣際會下，便投入了教書的工作，讓自己可以複習和使用華語。

　　侯雁玲在台灣待了快四年，在板橋讀了三年書，一回到印尼，就開始和朋友說印尼話、和父母說客家話，台灣學的華語完全用不上。這讓她深深覺得可惜，教書可以使她不忘記華語，所以經過朋友介紹，她到了補習班教書，當了華文老師。

　　兩人當華語老師的原因非常相似，都是讀完書回到印尼後，發現在印尼幾乎都不說華語，也看不到、聽不到華語，對於先前的所學感到可惜，所以她們就投入了教華語的行列，藉由教學複習、鞏固自己的華語能力。兩位老師也提到：「教書是個快樂的工作，因為可以不斷學習，還可以出國邊旅遊邊進修，和學生在一起，更可以使自己的心態變年輕，是很棒的工作。」

特殊事件　化為教書經驗

　　兩人教書的年資大約是三年，教的也都是成年人，對於難忘的教學經驗，侯雁玲想起了一件讓她丟臉的事。

　　她憶起以前教第一級華語的時候，有個年紀比較大的男學生。有一天，她給大家做測驗，那個男學生有事情沒辦法來，所以沒考試，下一節課，她就帶著大家複習、討論上節課的測驗，同時也解釋學生的錯誤，還在白版上寫下正確的答案，學生都寫好了，她就把答案擦掉了，準備繼續下面的課程，結果那個男學生因為還沒寫好答案，當場就發脾氣，不僅如此，還用印尼語罵她，她就跟男學生說，時間不多，不可能要全班等他一個人，男學生仍然不停止漫罵，最後她就不理他了。下課後，她跟教務長說起剛發生的事情，教務長要她記得這一次的經驗。之後雖然有機會再教到這個學生，但是沒再發生過罵人的情況，而她也把之前的事忘了，繼續教書。

周慧秀一開始雖然說自己對發生過的事已經記不太清楚了，但是她最後還是說了一段教書時曾發生過的事。

她語氣和緩地敘述，之前她在某個補習班教書，有一次學生想開卷考試，也就是考試時可以看書，她就告訴學生，做練習的時候可以看書，但是考試的時候，絕對不行，學生聽完就罵人了。說了些很難聽的話。她向補習班的負責人提起，負責人告訴她，想看就讓他看吧！只要每堂課每個學生的情況她都清楚，就不用依靠考試來判斷學生的程度了。

兩位老師都被學生罵過，但是她們都覺得，有了一次這種經驗，以後面對什麼情況，都不會覺得太困難了。

凡事先盡力而為，不行就放棄

兩人的許多看法都很接近，對於教書，她們覺得，老師要幽默，和學生應該像朋友一樣，如果只有師生關係，也很尷尬；如果一進教室，學生就擺出臭臉，誰還有心情教下去啊！如果能像朋友一樣，彼此都開開心心地上課，甚至下了課還可以一起去看電影，就是她們最期待的教書情況了。最後提到座右銘，兩人都想了很久，周慧秀先想到，就用一段話來說明：「面對事情，如果你已經決定去做了，就要做好，但是，如果已經盡力而為，到最後卻還是沒辦法做好，就得放棄，因為沒有人是十全十美的！但是，曾經有個老師對我說：『不行，你作為一個老師，再難也要把它做好。』我還是覺得，我努力了，不行，我就放棄了！」

　　侯雁玲笑笑地說，她和周慧秀的看法一樣，不過，她還補充了一些自己的想法，她說：「我們在生活中，一定會有困難的事情和快樂的事情，既然選擇了這條路，就要一直走，堅持努力地走下去。」

　　這兩位雖然是華語新生代的老師，但可以想像，她們往後在印尼的教學路上，一定會發光發熱，讓華語在印尼開出美麗的花。

初生之犢不畏虎

泗水

賴菲菲老師口述

洪沛好採訪撰寫

「阿罷嘎麻」－這是印尼話「你好」的意思。賴老師轉過頭去與另一位老師以印尼話交談，隨後並以中文問我：「你在跟我們問好嗎？」我微笑地說：「是的。」

初次見面，我送給兩位老師親手做的名字護貝卡，姓名旁邊附有注音和漢語拼音，接著，跟賴老師及蕭國梅老師介紹我的名字。蕭老師看著字卡說：「沛好嗎？」你的「好」字很少見到喔！

開啓華語習程

賴老師來台灣之前已經在印尼的補習班學過五年中文了，在補習班裡學的是注音符號。有一天，賴老師的母親偶然看到報紙上廣州暨南大學的招生廣告（學中文），因著這樣的機緣，她踏入異鄉，開啟了華語學習之路。

賴老師說：「因為上課時間有限，我覺得那五年學到的東西真的不多，練習的機會也少。初到廣州的時候，我的中文程度只能聽，

而且只聽懂一點點,雖然在印尼上了五年的華語課,到了廣州卻覺得沒有什麼用似的,但是,比較好的是,由於我在印尼學的是繁體字,到了廣州後學簡體字的速度就很快,而且覺得很容易。我有些同學完全沒學過中文,到大陸學簡體字,就會覺得很難!」

賴老師說:「會當老師主要也是因為我的媽媽和哥哥都是中文老師,而且自己家裡開了補習班。在廣州暨南大學畢業後,我就回到家裡的補習班教華語,不過,其實我是不太想當老師的!都是因為家庭的因素,算是半強迫的吧!所以,我才會當老師。」

學習的軌跡

家裡的補習班分大學班、國中班及小學班。哥哥教大學班,一個班約有十到二十個人,國中班由母親帶,一個班也是十到二十個人,而賴老師帶的國小班一班只有兩到三人。賴老師說:「小學生的程度不那麼好,一班如果只有兩到三人比較好教,也比較能夠清楚學生的學習效果!」

補習班上課的時間是每週一次,一次一個半小時到兩個小時,有時候會視學生學習情況而調整上課時間。不過,通常都會延長時間。

上課的教材是看學生的學校使用哪種版本,補習班是跟著學校的,賴老師說:「到目前為止,我教過的版本都是用漢語拼音和簡體字,還沒有教過有注音符號和繁體字的課本。」教學的內容主要是幫學生複習學校所教的內容,解決學生的問題,以及出回家作業讓他們多練習。面對國小及幼稚園的學生,賴老師有時會採取比較輕鬆、有趣的上課方式,像是帶學生唱歌或跳舞,但是,如果學生

沒有什麼學習動機的話，他也比較不會強制學生學習，畢竟這是補習班而不是學校，學生的學習態度也會隨著環境而改變。不過，賴老師還是盡量以比較生動、有趣的上課方式來帶動氣氛，讓學生的學習興趣能夠逐漸提高。

我們一起加油吧！

第一次看到菲菲老師，就覺得他是個很可愛的老師，蕭老師還說：「不要看他這麼年輕，他可是一個很會照顧別人的人喔！」

雖然他的教學經歷只有半年，雖然他的理想也不是要當老師，但是，他還是很努力地充實自己，就像這次來台灣參加培訓一樣，他希望學到更多的東西帶回印尼去教學生，賴老師說：「我也想像蕭國梅老師一樣，能把教書這個工作變得很有趣，而且，不要把錯誤的知識教給孩子。我們一起加油吧！」

印尼華教中的新生代

泗水

楊榮強老師口述

李怡彥採訪撰寫

　　大學畢業一兩年，甫教書的楊榮強老師，目前任教於印尼彼得拉大學附設的華文補習班，主要的教學對象是國小學生。楊老師的教學經驗雖然不到兩年，但是對於印尼華語文教育的前景，卻有著莫大的抱負。

　　楊老師本人沒有華語背景，父母親、長輩都不會說中文，他國三的時候，自願到中文補習班補習，從零起點開始，一直念到高二。進了大學，原本念的是資訊系，後來發現不合適，一年後轉系入了中文系。正因為唸了中文系，所以就想從事與華語相關的工作，而畢業後也順利地當了華語老師。

楊榮強眼中的印尼孩子

　　印尼的孩子含蓄、害羞，即使遇到問題也不敢舉手發問，就算只有老師和學生兩人獨處還是不敢開口。孩子補習中文，大多不是出於自願的，但是他們都很乖。這裡所謂的「乖」是：對老師的要

求不高，老師教什麼，他們就學什麼。而這種情況，也讓教學產生了一些困擾，因為不知道學生懂不懂，學生面無表情，使得老師不知道該採取什麼方法讓他們主動表達。

印尼華教障礙多，正簡字體如何取捨

在印尼教華語，真的得面對許多障礙，尤其是有些華僑會對學華文有反感，甚至認為華語在現在的社會裡不管用。雖然印尼華文學習的環境很差，不過人們心中對華文的「排斥」，才是推動華語教育最大的障礙。

此外，教華語也面臨了種種客觀的困難，比如說：中國字太難寫、太難認、聲調系統太複雜……等等，這些都會讓學習者卻步，所以目前印尼地區還是較重視英文。

另一方面，印尼地區的華文教材良莠不齊，如何選擇教材是老師的一大難題。印尼當地會編教材的人不多。楊老師認為：「如果印尼當地的老師會編教材，就能結合當地的文化、生活，編出一套適用的教材。」但是，目前還沒有一個完整的組織有能力這樣做。

在印尼，大部分的學生學簡體字。楊老師則認為學生還是必須回歸傳統，先學會正體字，了解字的淵源故事後，再學習簡化字。如此對學生而言才是最好的學習方式。「其實中國大陸主張使用簡體字這件事是不好的，現在或許看不出來，但我相信未來會造成很大的影響，不容小覷，學生們不了解中國文化、不了解中國藝術，真的很可惜！」他說。

從事華文教學改變了自己

「我以前的個性比較內向，不喜歡和人交往，但是自從在補習班教了孩子之後，就有了許多改變。」楊榮強說。因為從事華語教學，所以漸漸產生了勇氣，變得有自信了，也學會如何在別人面前用平穩的語氣說話，而不緊張。

補習班裡的學生大多是小學生，楊榮強從他們的身上找到了自己，因為熱愛這份工作，所以他背負著使命感：他要讓印尼更多的孩子在快樂中學習華文。

幼兒的華語大明星

泗水

曾令秋老師口述

李怡彥採訪撰寫

住在印尼泗水，從事幼兒華語教育四年多的曾令秋，是位爽朗有活力的老師，由於家庭因素，她離開了印尼。到台灣之後，她決定要學華文，於是在台灣的逢甲大學語言中心學習，一年三個月後回到了印尼。在偶然的機會裡，她走上了教授幼兒華語的路。

惡劣環境下仍熱衷教學，天天都快樂

目前曾令秋在泗水地區的四間學校任教：三間幼兒園，一間小學。她說：「有的學校，像幼兒園，一星期只有一堂三、四十分鐘的華文課，老師只能透過每次見面的對談，知道學生是否進步。」

有的學校雖然可以給學生考試，但曾令秋認為學校安排的教材太難，也不符合印尼當地的生活。「我們用新加坡的《好學生》，可是我覺得不適合學生的程度，此外，考試的題目也是學校出的，其實校方根本不清楚學生的程度在哪裡，學生可能只會說單詞，而題目卻是句子。」她說。

　　印尼當地有許多學校設備不足、經費不夠，教師常常需要自行吸收教學上的花費。此外，有些家長求好心切，認為老師什麼都要會，而學生也必須很快地進步。在雙方交互影響下，教師在教學上有所顧慮，因而無法發展出更好的教學策略。

　　由於曾令秋主要教的是幼兒園和國小的學生，雖然學習環境不佳，且每次上課都要想出新奇有趣的活動來吸引他們，但是日子過得很快樂，沒有負擔，因為只要看見孩子們天真可愛的模樣，以及在華語方面的進步，她就能得到很大的滿足，所以「天天都快樂」。

學習是選擇，孩子也有權利

　　印尼的孩子學中文，有些是自願的，上課比較認真；有些則是應父母親或學校要求的，所以比較不安定，注意力也不集中，老師較難控制。曾令秋認為：「面對學習動機低落的孩子，必須用活潑的教學法吸引他們，先讓他們產生興趣，再進行教學才會有成效。對孩子而言，中文是新的語言，不容易學習。有時候，幼兒園的孩子上課愛講話，這個時候不能板起臉來罵他們，因為他們會排斥，但是如果拿起吉他唱歌，吸引他們的注意力，每個人就會乖乖的。」

　　曾令秋說：「學習是選擇，雖然他們只是孩子，但是我尊重他們，因為我不喜歡別人逼我，所以我也不逼學生，我希望他們是真心地想學習，而不是被迫的。」

愛拼才會贏，超越自我

　　因為中文程度不高，曾令秋從沒想過會當華文老師，但是她十分感謝學校的組長給她機會，雖然只是教幼兒，但是如果沒有組長

的信任，她就沒有今天。她認為當老師最忌諱的就是「太驕傲」，因為驕傲會讓人封閉，故步自封的結果是無法成長。其實學生也是老師，從學生身上老師可以看見自己需要改進的地方。她更提醒後輩：要「因材施教」，面對孩子必須先了解他們，才能教導他們。

曾令秋還說：「『愛拼才會贏』，是一首我覺得很棒的歌，尤其是歌詞的內容，總是激勵著我，人生就像打仗一樣，要不斷地向前衝」。她深信只要一步一步憑藉著自己的努力，在華文幼教方面，必定能走出一條寬廣的路。

旱田的播種者

泗水

李淑娟老師口述

蔡郁晴採訪撰寫

李淑娟老師是在崇高基督教學校,受到了宗教的呼召,因而投入了華文教學的行列。李老師的教學對象是印尼彼德拉基督教大學的學生,就因為教學對象是血氣方剛的青年,所以李老師說:「教學不只是教學,也是教育。」

生活是最好的課題

李淑娟老師在教學上的程序大致如下:1. 生字解釋。2. 課文解說。3. 課文唸讀。4. 糾錯。李老師強調:「大學生的上課內容要照課程安排才會有成效。」課程內容的安排,則是以生活為主,課本為輔。

在李老師的學校裡,老師跟學生都有固定的聚會,老師們固定一週一次,學生們則大約一個月一次,聚會的內容則包括討論上課情形、議定課程內容等等,老師們會盡力配合學生的實際需要調整教學,也會讓課程內容更加貼近學生、貼近生活。

注入青春與心力

　　李淑娟老師投入華語文教學始滿八年，老師將青春投注其中，因為有宗教的力量與身為華人的使命感，李老師的教學雖然充滿了困境，但她也在困境中不斷地更新。就因為教學充滿了困難與挑戰，所以李老師也加倍付出了心力，她教的不只是中文，也是生活。

教學困境與衝擊

　　李淑娟老師提到自己教學上的最大問題—「學生」，學生是處於「半個大人」的階段，所以教學不能只是一味地灌輸，同時也要兼顧學生其他的問題。此外，由於中文在印尼是一門語言課程，因此學生的程度往往參差不齊。而學生的學習態度也需要改進，正因為是一門第二語言的課程，所以學生有較強的陌生感，容易形成抗拒的心理。李老師表示：「我常常因為學生不想學而頭痛，但仍要不斷地努力，延續學生學習的動機。」

口音的影響深遠

　　口音的影響，對李淑娟老師來說，可謂是感觸良多。李老師曾在不同的地區學過中文，她說：「不同地區的口音說起中文來，真的差很多。」李老師以南京和上海地區為例，由於這兩個城市受到了當地口音的影響，說話就有很大的不同。李老師還說：「因為每個地區說話不一樣，對聽的人而言，就很不容易了解，也很容易聽錯或搞不清楚。」因此，李老師在給學生上課的時候，會特別注重學生的發音，也盡量避免因為印尼當地口音而影響到學生說話。但她也表示：「不論說中文時帶有什麼口音都是很難避免的，能夠表達是最重要的。」

秉持後現代教學

泗水

莫尤蓮老師口述

邱綉婷採訪撰稿

華語熱大舉進入校園

　　初次見到莫尤蓮老師，覺得老師個性活潑，不時流露出童稚般的天真。老師看起來很年輕，像就大學剛畢業的新鮮人，一問之下，才知道他已經 28 歲了，他開玩笑地說：「我都生了三個孩子了！」哈哈幾聲，孩子氣的又笑開了。

　　莫老師很健談，任何話題都可侃侃而談。他來自印尼的泗水，除了在蒙特梭利學校（anugerah pekerti Montessori school）任教外，還在快樂花園補習班教華語。他詳細地跟我述說學校跟補習班的情況：「學校和補習班皆採取小班制教學，學校的上課時數，一個禮拜只有一個小時，補習班則不一定，一堂課一個或一個半小時，視學生的需求而有所調整。」目前學校使用的華語教材是新加坡「小學華文」，而補習班則看家長決定，如果希望小孩學繁體字，使用僑委會出版的「美麗的世界」和「快樂時光」，反之，若希望學簡體字，便使用新加坡或是大陸的教材。

教學甘苦談

　　來台灣之前，莫老師曾在印尼補過習，不過，華語表達能力還是不太好。後來，旅行社向他推薦逢甲大學的語言中心，於是，來台灣學了兩年半的華語後，便回印尼自我進修。當地華語教育解凍，華語熱方興未艾，導致師資非常短缺。他本來對於教學已有興趣，加上學過華語，所以，自然而然地當上了華語老師。

　　談及教學辛苦之處，他無奈地表示：「教學這幾年來，最辛苦的除了備課外，莫過於來自學生跟家長的抱怨聲。」學生在學校後上完課後已經很累，爸媽還要送他們到補習班學華語，因此，學生藉機來發洩怒氣，他們會說：「學校的作業已經很多，再給作業的話那有時間做！」學生回家跟家長抱怨，家長又會跟老師反應：「不要讓學生感到壓力，我要讓我的小孩快樂地學習。」另一方面，老師如果不出作業，也有家長會說：「小孩回家都不唸書。」因此，夾在家長跟學生之間，自己感到很掙扎。

　　莫老師緩緩述說：「有時覺得教書很累，自己覺得很煩，學生有時不聽我們的話，很不乖。然而有時靈光一現，突然想到一些不錯的想法，一到家便上網看資料，有什麼活動、故事可以教，如果找到適合的內容，上課的時候便讓學生操作，如果教學很成功的話，自己就會很開心。」另外，他也從其他老師身上學習到新的點子以及獲得豐富的經驗。

　　話題一轉，他指出：「1965年發生排華事件，政府下令關閉所有華文學校，並禁止華文教育與嚴格管制書刊印行。這麼多年來，年長的老師很難自我進修，所以，他們的華語發音易受到印尼話口音的影響。另外，在教學方面，他們也沒機會接觸到新穎的教學法，

致使想法也較窠臼。」總總因素造成他們以老師為主的教學方式，教材的變異也有限。反觀現今，老師採用以學生為主的教學方式，教材很豐富，上課活動也很精采。

亦師亦友的「鮮師」

在愉快的氣氛中，莫老師提出自己對華語老師的見解：「一個好的華語老師，除了發音標準外，老師也要有耐心，不要很輕易地處罰學生，最重要的是讓他們理解為什麼會被懲罰。老師不單單是老師，老師也可當學生的朋友，多了解自己的學生，師生之間感情才會融洽。」

莫老師希望自己跟學生之間像朋友一樣，即使在路上碰面，也會互相打招呼，平時可以跟他們聊聊天，當他們有心事可以彼此討論，若當學生需要意見時，亦能提供他們中肯的建議。他臉上充滿自信地說：「老師和學生之間的情感，能讓學生留下深刻的印象。」

拾回自己的聲音

巨港

陳素玉老師口述

黃佩玲採訪撰寫

　　陳素玉老師，生於蘇門達臘南方的巨港，幼時在印尼華語學校學習華語，十六歲那年，「九三〇事件」爆發，印尼政府有計畫地迫害當地華人，除了經濟方面的壓制外，更關閉了華文學校、禁說華語，要求華人全面揚棄中華文化，有很長很長的一段時間，華語、華文在印尼各島消聲匿跡，也使得當時許多像陳素玉老師這樣的華裔學生求學無門。

永遠的政治謎團：九三〇事件

　　一九六五年爆發的九三〇事件，恐怕是印尼史上最為慘烈的排華事件，目前蒐集到的資料都顯示，這次事件的起因至今仍然是個謎，眾說紛紜中有一種說法為較多人採信：「一九六五年，毛澤東自中國策畫印尼共產黨政變，欲取代當時的蘇卡諾（Sukarno）總統，將印尼變為第二個柬埔寨。政變失敗後，藉著清除共產黨份子的名義，印尼政府到處捕殺當地的華人，據資料估計，有五十萬印

尼華人在此事件中喪生。」～《經典雜誌》第七期，1999/02/01 之外，印尼人容易被政治人物煽動排華情緒的原因還有以下兩點：

一、在印尼的華人約有八百萬人，僅占印尼人口總數 4%，但是這極少數的 4%卻掌握了全國 50%財經資源。因為財富、所得分配極不平均，再加上局勢動盪、財政困窘，使得印尼當地住民對華人的態度，由妒意演變成強烈敵意。

二、法律上，雖然明文保障印尼人的工時和工資，但依舊有不少華人壓榨印尼勞工，工資少且工時長，造成勞資關係劍拔弩張，長期下來，使印尼勞工對華人老闆或華人管理階級累積了諸多不滿，只要政客輕輕撩撥，星星之火便足以燎原。

至於為什麼要禁華語？

戰國時代，秦始皇焚毀韓、趙、魏、齊、楚、燕這六國的書典，為的是讓六國人忘記自己語言文字、自己的根，印尼政府禁止華人說自己的語言，沒收、焚燒華文書籍，也是一種手段，為的是要同化華人使其成為印尼人。

雖然陳素玉老師被迫中止學習華語，但是私下卻依然使用華語與家人交談。之後她從事了二十八年的服務業，在這段期間，她任職技術管理一職，有機會與來自台灣高雄的技術人員接觸，並在工作上協助翻譯，陳老師趁機請教正確發音，矯正自己因為長久疏於練習而偏離正確聲調的華語。

印尼於一九九七年將華語解禁，距離上次正大光明教、學華語已經有三十二年之久。年長的華語老師，在經歷了偷渡、暗藏華文

書籍，躲避緝查、非法教學的膽顫心驚歲月後，印尼華人終於得到了使用自己語言的權利。

語言教育之外，培養道德倫理觀念

隨著華語開放，中華文化失而復得，陳素玉老師抱持著培育下一代華僑的理念，正式展開華語教學的新工作。

「很感謝台灣給我們這個機會進修，矯正我們的發音，讓我們可以充實自己，走上正確的華語教學之路。」接受採訪的這三天，陳素玉老師不斷地重複這些話。

「禁華語之前，印尼的主要語言是華語，但是現在印尼的主要語言是印尼語，華語是第二外語，雖然正規學校都有華語課程，可是只是形式上的教學，華語教師的待遇很差，非常差，很難有出頭的日子。」由於薪水低，無法吸引很多人加入教學的行列，缺乏師資的結果就是，只要願意擔任華語教師，而且稍具華語基礎，很容易就能受聘為華語教師，在這種情況下，就很難保證教學品質了。

當我詢問陳老師現今印尼華語教師最需要加強的部分時，她毫不猶豫地回答：「語法。」因為華語是活的，會隨著時間演化，身為老師的人必須追上時代腳步，才能指導下一代的學生。她又說：「現在我也在研究教育心理學。」因為華語是非常精深的一門學問，如何引起學生的興趣，並且讓他們保持熱忱，不因艱難而放棄學習，是她致力的目標。

除了語言教學之外，陳老師認為印尼華僑極需要強化自身的道德觀念。「印尼沒有公民課。以前華語學校有，但是現在沒有了。」缺乏倫理道德觀念使得學生缺乏是非、羞恥、憐憫與惻隱之心，「所

以我上課的時候會教『禮義廉恥』這些字，用說故事的方式，告訴他們做人的道理。」

她也表示，在印尼想請五個、十個傭人是很容易的事，不過並非因為華僑都很富裕，而是由於多數華僑善於管理時間，懂得花小錢請人處理家務，以爭取零碎時間去掙更多的錢。

不過這也讓小孩子自幼過著養尊處優的生活，過於依賴家人的照料，「所以有機會可以將孩子送出國學習時，我都會努力說服家長讓小孩出國學習獨立。」像這次中原大學舉辦的華語夏令營，參與的青少年中有好幾個就是她的學生，當初為了鼓勵學生參加，「有的是被我和家長騙來的呢。」她笑著說。要讓小孩儘早學會獨立，縱然現在人在中原進修，與自己的學生生活在同一校園，還是會避免與他們碰面，「不要讓他遇到熟人。」他希望學生能在陌生、全新的環境中，培養獨立自主的人格。

從陳老師的教學經驗談中，我深深感受到，儘管 1965 年起，印尼當地華人失去了自己的聲音；儘管中華文化歷經浩劫，被湮沒了三十餘年，然而現在藉由一群基層華語教師的努力深耕，正逐步重新建構起華人的傳統，從中，也見證了中華民族難以摧毀、斷絕的韌性。

時雨春風——華語樹人

巨港

黃映雯老師口述

廖婉君採訪撰寫

「華語教學再辛苦，也是為了下一代」來自蘇門答臘巨港的黃映雯老師這麼說。出生於中國潮州，一歲時隨父母到印度尼西亞定居，她的第一語言為華語，高中畢業後便留在母校任教。

排華時期，她以家教形式，在學生家長幫忙把風之下，暗中教授華語。從 2002 年到現在，她都在印尼一所貴族學校擔任華語教師，工作之餘仍不忘充實自己，黃老師目前是中國大陸的大學函授生。

舊與新的一線之隔

在印尼中斷三十多年華文之後，因著國際漢語熱，華文又逐漸復甦起來，教學中最不能缺的是有好的老師參與，而目前印尼華文師資的質與量則是個值得重新審視的問題。年長的老師在面對年輕的老師時，總有許多感嘆。年輕老師經歷較淺，不了解在排華運動之前，華語不單是一種語言，更有其深刻的文化意涵。

　　「教華文不僅是教溝通，更要認識中華文化的精神……，對教師應該要不停地培訓，以增加教師的華文知識，我們上一輩的教師尚且覺得不足，而他們好像才學了幾個月的華文，就認為已經學得不錯了，可以教書、編書了。」

華語再現的希望

　　黃老師是全校唯一的華語教師，身負教學重任之外，還得面對種種難以解決的問題，例如：沒有統一的教材，課程無法銜接，高中部未設華文課程致使學習中斷，教學時數嚴重不足，學生的程度參差，以及校方對華文課的不重視。2008 年起印尼政府有意將華文列入高中的正式課程中，但是目前的華語師資實無法因應政策的需求。

　　在教學中，黃老師會利用演戲、結合手勢等加強教學效果，也會利用交叉分組配對方式，使學生互相幫助，以提升學習效果。

　　「因為華文中斷了一段時間，有些華人家庭的父母也沒受過中文教育，除非是長輩要求，孩子才會學華語。」生活安定加上政府並未完全推廣，時間一久，許多華人也逐漸淡忘了原有的語言文化。

如獲珍寶的機會

　　「我們那邊要學習是很困難的，不像妳們（臺灣）有這麼好的條件、這麼好的環境，我們如果不學就會一直退步，也就不能夠再傳承下去了。」

　　教學不能只是死唸書，而是要活用，身為教師應該具備專業，唯有不斷地充實、進修。學習、學習、再學習，學到老，活到老，

是黃映雯老師對自我的要求，身為華語教師必須有毅力及耐心，更要積極尋求自我充實的機會。

2008 年印尼推行華文正規教育，期盼不論是師資、教材、政府援助、國際交流等工作都能上軌道。相信不久，印尼的華語教學，會有更多新血加入，為全球的華語教育帶來更新的經驗與成果。

春風化雨——華語路

巨港
傅水琴老師口述
廖婉君採訪撰寫

傅水琴老師出生於印度尼西亞，父母親均為中國南方人，目前住在南蘇門答臘省的首府「巨港」（Palembang），她十七歲開始便斷斷續續地從事華語教學工作。

目前傅水琴老師從事的工作是華文家教，學生多是熟人的子女。教學之餘，傅老師仍不忘自我進修、學習，她目前還是中國大陸的大學函授生。

華語熱與在地文化的抗衡

隨著全球興起的華語熱潮，越來越多的印尼學生開始意識到應該與國際接軌，跨出國門前往鄰近國家發展，如：新加坡、馬來西亞、台灣、香港、中國大陸等。在有些家庭裡，孩子學習華語也是有目的的，他們會問：「學了華語，到了那些國家，真的能溝通嗎？」

然而就當地社會而言，還是潛存著排斥華語的傾向，由於印尼受回教文化的影響，使得人們的思想趨於保守，對於外來的文化、

253

語言是竭力抗拒的。甚至還明文規定在公共場所不能使用外語來交談，只可以用印度尼西亞語，條例中所指的外語就是華語。提到排斥，傅水琴老師說：「排華那時多恐怖啊！教華語一被抓到，你就會被當作政治犯一樣，抓去關起來！」道出了恐怖時期與現在截然不同的情景，從禁華文的年代到現在的開放，即使「排華」已成為過去式，但在印尼華人記憶中所留下的傷痕卻是無法抹滅的。

甜蜜的負擔

從事華語教學多年，接觸過許多學生。她說：「我在教學上一直很快樂，學生也是一樣，雖然十幾年過去了，學生見到我，還是會叫我一聲老師。我教過一個學生，他只跟我學了半年，就已經很會溝通了。到現在他會打電話給我，過年、過節也會帶著他的父母來家裡拜年。所以我覺得沒有白教他，心裡很安慰。」

自稱是業餘教師的她，認為華文老師扮演著教育、延續傳統中華文化的角色。她以華人的角度來看整個印尼華文教育，認為即使印尼原住民會排斥、壓迫華語，但是為了傳承文化的精髓，華文教育仍是不可或缺的。不管是當年戰戰兢兢地教書，還是今日做為私人教師，她都願意咬緊牙苦撐下去，讓孩子重拾愛中華的心，也讓華語教育延續下去。

把握機會提升自我

2006 年夏天，來到台灣參加研習的傅水琴老師認為，在印尼深造的機會並不多，而她只要一有學習的機會就一定要爭取。印尼不像台灣有較完整的教育體制，華語教學的進修一般都要前往海外。教師把

握住學習的機會，教學才會有新的動力，有了動力也才能更有效地教育下一代，她也勉勵學生要把眼光放遠，不斷地充實、提升自己才是上上之策。

「堅持」是唯一的信念

巨港

曾慧娥老師口述

蔡欣娟採訪撰稿

　　「堅持著一個信念，憑藉它度過十幾年的光景，一路走來始終如一」。當年印尼因為一場政變，政府下令禁止一切與華文相關的事物。曾慧娥老師只能靠自己微薄的力量走下去，然而在這條艱辛又崎嶇的道路上，她並不孤單，仍有些志同道合的夥伴，彼此鼓勵、扶持，讓華文不致在印尼失了根。

從無到有，積沙成塔

　　曾慧娥只有初中畢業，做過裁縫和會計，最後怎麼會踏上教華文這條路？她笑著說到：「當初唸巨港中學時，最拿手的科目便是中文。可能是有興趣吧！也唸得特別得心應手，畢業後換過幾份工作，在朋友的推薦下開始教起華文來，沒想到這一教就是十二年。」

　　印尼 1999 年開放華文，在這之前她都是偷偷摸摸地做華文家教，2002 年補習班相繼開放，她到巨港中學校友會裡任教，雖然

資源和教材奇缺，但是還是走過來了。慶幸這幾年參加了大陸的遠距教學課程及台灣的培訓班，這些對教學都發揮了正面的影響。

從一開始的不知所措，到後來慢慢漸入佳境，曾慧娥投注了相當多的心血，由於資源缺乏，加上本身有印尼口音，在教學上確實碰到許多挫折，但她也下了苦功，為求發音正確，自己時常翻閱字典，雖然未受過專業的語法訓練，但憑藉著多年累積的經驗和自修，在華語教學的領域裡也開闢出了一片屬於自己的天空。

最大的後盾，全力支持

家庭常常是許多女性在事業上的羈絆，但這卻是曾老師最大的後盾。孩子還小時，先生會配合她教書的時間，幫忙照顧孩子，兩人是人人稱羨的模範夫妻。1999 年華文解禁後，一直大力支持她的先生，也一同加入了華文教學的工作。

唯一讓曾慧娥遺憾的是自己因為課業繁忙，反而沒有強迫一雙兒女學習華文，他們只學會基本的聽和說，讀寫方面很弱，不過現在兒子進入華人公司工作後，華文也越來越上軌道了。

學生是最好的鼓勵

近年來華語發燒，越來越多人搭上這熱潮。在印尼也不例外，學習華文者大多是家境較好的華僑子弟，而學生的學習心態也是決定是否能學好華文的關鍵。曾慧娥說：「如果是學生自己想學華文，就會比較自動，如果是父母強迫，學習上就比較不積極，當然也就學得不好。而印尼的原住民在發音上，有先天的困難點，因此學習華文特別辛苦。」

　　「能看到學生進步就是我最大的滿足和成就」，曾慧娥靦腆地說。在教過的許多學生中，印象最深的是一個華僑子弟，他的家境優渥且是當地的望族，由印尼籍護士帶大，但由於父母親在家以中文溝通，因此也栽培他學華文，他不但聰明而且努力，在學校的成績也名列前矛，中文更是一把罩。曾老師把這名學生的成功歸於父母和老師的配合，再加上學生的努力，於是成就了天才。

　　曾老師對教學始終保持著熱情，不知道什麼是挫折，只想要一直教下去，儘管教書的收入不穩定，又要躲避政府追查，但這一切都值得。華文教學是曾老師的生活重心，也是唯一的選擇，從她的眼神裡，我們看到的是熱情、耐心和堅持。

機會改變命運

巨港
唐莉娜老師口述
蔡欣娟採訪撰稿

　　大大的眼睛、甜美的笑容、紮著馬尾，是唐莉娜老師給人的第
一印象。她看起來稚氣未脫，在整個團隊中確實有點兒特別。因著
一個偶然的機會，讓還在唸大學的她一頭栽進了華文的世界，同時
也為她開啟了另一扇窗。

魚與熊掌兼得

　　就讀國立巨港大學的唐莉娜，主修土木工程，半工半讀，一邊
修習正課，一邊補習華文，同時也教華文，身兼數職。當初是為了
論文而到峇淡實習，意外地發現，華文在當地大為流行，因而興起
學華文的念頭。回到巨港之後，她到補習班學了兩年華文，接著再
回到峇淡（Batam）的佛寺學習華文四個月。她說：「在峇淡的佛寺
裡，有很嚴格的華文補習課程，禁止說、寫、看印尼文，只能說華
文，所以華文進步得很快。佛寺星期天有固定的佛法研習和中文
課，很多孩子都會來，我就負責教他們簡單的會話，用的是佛寺自
己編的教材，偶爾也教唱中文歌。」

佛寺推廣華文不遺餘力

峇淡地區佛寺林立，而其最高的領導者多為台灣人，供奉的神明為彌勒佛，鑽研的典籍大半以中文書寫，因此華文成為學習佛法必備的工具。佛寺每星期固定有兒童的華文教學，也免費提供華文短期訓練，推廣華文教育不遺餘力。唐莉娜說：「印尼地區的學校多半與宗教有關，包括回教、天主教、基督教、佛教。這些學校幾乎都開設中文課，所以學華文的人越來越多了。」

談到教學的心路歷程，當然是酸甜苦辣兼而有之，因為孩子們來自各地，一個班裡摻雜了各種程度的學生，加上教材缺乏，上起課來格外辛苦，而孩子們好動、調皮的個性，也常讓唐莉娜哭笑不得。她說：「孩子們很喜歡上課，不喜歡放假，還會吵著要上課，雖然中文很難學，尤其是發音的部份，例如：同音異字的唸法，但是孩子們都很努力地學習。」

在佛寺的那段日子讓她難以忘懷，雖然辛苦卻也很甜蜜，一邊學習華文，一邊要幫孩子上課，每當她興起想放棄的念頭時，眼前總會浮現孩子們既天真又可愛的臉孔，那是督促自己堅持下去的動力。

未來無限可能

今年即將畢業的唐莉娜，對未來的方向還不確定，一方面是因為教華文的收入並不穩定，另一方面是所學的專業是土木工程，也許將來不一定會繼續從事華文教學，但她始終沒打算放棄華文學習。她笑著說：「過去教小孩子的經驗讓我知道，當一個老師最重要的是熱情、愛心、耐心，要注意學生的優點，而不要在意學生的缺點。」

唐莉娜維持著一貫的羞澀笑容，然而認真堅毅的眼神卻告訴我們，她珍惜每個學習華文的機會，並對未來充滿了希望。

印尼的麻辣教師

萬隆
李美雪老師口述
陳昀採訪撰寫

為愛追到印尼

「我叫李美雪，木子李，美如天仙的美，白雪公主的雪」

俐落的半短髮，清晰而有力的聲音，這就是李美雪，給人一種清爽俐落的感覺。

李美雪在台灣出生在台灣長大，文化大學戲劇系畢業的她，受過嚴格的正音訓練，因此有別於台灣國語，他講得一口標準的中文。大學畢業後，與相戀十年的印尼華僑結婚，接著就搬到印尼去了。

到了印尼以後，李美雪曾經擔任過萬隆市美聲廣播電台的廣播員，後來才去當華語老師。目前他在 EEP[1]教書，也在貴族學校教中文。李美雪說，本地教師與外籍教師最大的差異在本地教師發音

---

[1] EEP 為 Executive English Programs 的縮寫，現在也開設中文課程。http://www.eepbdg.com/main.html

比較不好，有的中文也不是很流暢；而外籍教師多能說一口流利且標準的中文，也因此外籍教師的薪水是本地教師的兩倍。

我是麻辣教師

李美雪的教學相當多元、活潑，任何東西都可以成為她的教學道具。應景的粽子、時下流行的歌曲，都是他上課的內容。李美雪說：「有時候會教學生跳舞，利用跳舞的時候教方位詞，例如左邊、右邊、前面、後面等等，學生很快就記住了。」印尼的學生常常會把送氣雙唇塞音ㄆ唸成不送氣的雙唇塞音ㄅ，這時李美雪會拿出蠟燭當作教具，大家對著蠟燭練習發ㄆ，剛開始可能都唸成ㄅ，一旦念對了發出ㄆ的音，蠟燭就會被吹熄了，除此之外，還有紙片也可以練習送氣與不送氣的發音，李美雪總是有許多有趣的活動，引發學生學習的興趣。李美雪上課的時候，喜歡跟學生多點互動，而不喜歡「一言堂」的方式，她希望學生多說多發言，而不是坐在下面安靜的聽。

這位麻辣教師除了教學多變化，她教學生也是相當有個性的：他只喜歡教學習動機高的學生。印尼自 1998 年開放以來，許多家長陸陸續續把孩子送去學中文，這些孩子都不是自己想學的，而是被家長逼迫的，在學習動機是被動的情況下，學習效果相當有限，因此李美雪不太喜歡教這些學生，即使是自己的孩子也不例外。

李美雪有兩個孩子，和大多數印尼華僑家庭一樣，在家裡都會跟孩子說中文，但孩子不喜歡學，即使聽力已經沒有問題了，還是不願意開口說，李美雪沒有因為自己是華語老師，而去勉強孩子學習中文，相反地，她讓孩子自己去尋找想學中文的動機。有一年，

大女兒被派去參加演講比賽，得了第一名回來，從這時候開始，大女兒才比較積極的學習中文，到現在也說得很好了。

為自己打一個分數

「如果滿分是 100 分的話，你覺得你當華語老師可以得到幾分？」李美雪老師謙虛的表示，在教學法、教學技巧方面，應該可以拿到八十分，但是在教學成效上，只能拿五十分，雖然教學活潑有趣而有變化，但是學生學得並不好，李美雪老師覺得可能是自己印尼話不好，較難與學生溝通，當然還有許多問題，必須要找出來，然後解決，這也是李美雪來台灣參加華語教師研習的原因。

李美雪很健談也很有趣，從她的談話中，可以看出他是一個很熱情的華語老師，她把教學看成是一個舞台，而她就在這個舞臺上盡情表演，她對華語老師這份工作熱情，也對她的學生熱情，總希望能很快的把自己會的都教給學生，這份熱情的心，是我們要跟李美雪學習的。

一分耕耘，一分收穫

萬隆
蔣新紀老師口述
蘇家崢採訪撰稿

　　積極參加各種華語師資培訓班的蔣新紀老師，從高中開始就從事華語家教及中文翻譯的工作，他熱愛中文寫作，也同樣熱愛教學。每一次的培訓他都渴望能從教師的互動中，吸取到最新的教學法，使自己的課堂教學與時俱進。

一傳衆咻

　　目前任教於 MULIA MITRA 外語與電腦學院的蔣老師，從小學到初中讀的都是華文學校，高中時政策改變，華文學校全數封閉，此時蔣新紀以為這個政策只會維持一兩個月，卻萬萬沒想到竟延續了半個甲子。

　　在印尼地區，因為環境的關係，幾乎沒有機會讓孩子們使用華語溝通，導致年輕的一輩多半不願意主動講華文。他說：「有的即使會講也不太願意講，沒辦法，就是環境的關係。學生要是來台灣，就不得不講華語了，這樣就會進步得很快。在印尼我的孩子也可以

不講華語啊，有時候我用中文跟他說話，他就用英語回答我，我們不睬他，他也就不睬我們了。」

環境造成的隔閡，使得蔣老師的心中充滿了無奈，為了讓學生保有學習華文的動機，常常都得使用各種方法來引導。

開啓華文的那扇窗

一九六六年，印尼政府下令關閉華校、禁華文。初時，蔣老師的高中老師派成績較好的學生，前往同學家中擔任華語家教，當然蔣老師也是其中一員，後來因為政治因素，使得全印尼的華教停擺，家教的活動也被迫中止，歷時僅三個月。

印尼禁華文的歲月，對熱愛華文的蔣老師而言，這條路既漫長又艱辛，但他始終不放棄，持續地當華語家教，並參與翻譯的工作。

直到 98 年，華文才終於解禁。蔣新紀說：「從前是家教，98年開放以後開始進到補習班，那時還不行往上教，所以轉到別的學院，有的時候是朋友介紹，也斷斷續續從事翻譯工作。那個時候覺得好像老師缺得很，我們是應該出來了，這樣才開始正式教華語。」

從家教開始，到補習班教書，最後進入 MULIA MITRA 外語與電腦學院任教，蔣老師經過多年摸索，終於找到了適合自己教學的地方。

要怎麼收穫，先那麼栽

MULIA MITRA 外語與電腦學院中的學習者，大多是政治系的大學生，學華文是自動自發的行為，當然也希望能夠拉高平均成績，所以同學一個找一個一起來學華文。最特別的是，他們大多是

印尼的原住民。蔣老師說：「印尼的華裔學生學華文，感覺上好像是被逼的，因為父母認為是中國人就必學。而當地的原住民學生不會華文但是想學，引發他們學習的原因，多是因為聽中文歌，因此學生希望我能夠替他們翻譯歌詞，慢慢地他們就對華文越來越有興趣了，也有了自發性。」

相比之下，印尼學生在學習上不太積極，而且想一步登天，蔣新紀常跟學生說：「少種少收，多種多收，怎麼可能少種還要多收呢？」現在學生都想要抄近路，不想付出卻希望能夠有收穫，這是絕對錯誤且容易導致失敗的想法。

一句謝謝，是堅持下去的悅耳天籟

教書的過程中，做老師的難免會有消沈的時候，甚至懷疑自己是否適合做教師；蔣老師也曾因學生的消極、懶散、抱怨而受到傷害，每次想要放棄，就有一個意念閃過，鼓勵他堅持下去。

對蔣老師而言，學生的穩定成長、一句如天籟的「謝謝老師」，都是莫大的鼓舞，也足以讓他將所有的挫折一筆勾銷。蔣老師帶著笑容，滿足地說：「有個學生告訴我，他華語學好了，目前在國際外貿的部門工作，他不但和主任講華語，也有機會和從香港、北京來的客戶用華語溝通，職位也越升越高，這都要謝謝老師。」

教師要求的不多，只希望自己的教學及付出，能換來學生的成長、茁壯。

華夏子弟的使命

萬隆

陳純翠老師口述

蘇家崢採訪撰寫

> 優雅、從容、自信、謙虛，是陳純翠老師給人的第一個印象。
> 在印尼禁華教的三十多年中，陳老師從未放棄過華文，相反
> 地，她還不斷尋求各種吸收華文知識的管道，努力提昇自己。

母親真偉大

　　來自印尼萬隆的陳老師，是抗戰後的第一代華僑，父母來自廣
東湄洲，家裡有七個兄弟姐妹，父親在她五歲時便過世，生活重擔
全落在母親的肩上，母親含辛茹苦地把孩子扶養長大，也正因為如
此，母親並沒有太多的時間可以參與孩子的學習。陳老師說：「七個
兄弟姐妹都是自學，我們不像現在的孩子嬌生慣養，需要父母一直
提醒該怎麼學習、怎麼讀書。我們自己自動自發地學習，因為媽媽
辛苦把我們帶大，除了做生意還要管家，我覺得母親實在很偉大。」
　　身為華裔子弟，自幼陳老師理所當然地就讀華文學校，國小畢業
升上初中，才剛三個月便遭逢了印尼有史以來最大規模的禁華文政

策，所有的華文學校在一夕之間全部關閉，此舉令陳老師相當傷心，因為這時的她才剛剛領悟到中國文化的美，開始對學習華文有興趣。

心是無法被控制的

即便所有和華文相關的事物都被禁止，也不能阻止陳老師熱愛華文的心，不能上華文學校，那麼就請家教吧！陳老師除了請老師來家中指導外，本身也喜歡看書、看報紙，在禁華文的漫漫長日中，陳老師沒有片刻放棄華文，她始終堅持著熱愛華文的心。她笑著說：「我對漢語不知道是怎麼搞的，就是情有獨鍾，當然，不外乎是身為華夏子女的關係，更重要的還是我們擁有五千年的歷史文化。」

直到今日，陳老師對於和華文相關的事物及課程，依然孜孜不倦地努力學習，在下班後的夜晚，特地去上古文班、詩詞班一類的華文課程，為的是能夠更了解中國的歷史和文化。

悠遊各國，收穫滿溢

禁華文，雖然不能阻止陳老師學習的心，但卻也使得陳老師的發音產生了問題。

79 年陳純翠隻身出國學習服裝設計，在西德漢堡的三年中，結識了來自台灣以及大陸的朋友，有機會和他們用華語溝通。陳老師說：「在他們中間，我發覺我的口語不很流利，而且很多發音不準，聽起來怪怪的，經常聽他們說話之後，我也能從中糾正自己的發音。」

到現在為止，我還講得不太好，但是再怎麼練，也無法達到台灣人、廣東人的程度，但最重要的是要能夠交流，讓人聽得懂。

　　其後，陳老師陸續去過台北、廈門、北京、上海、無錫等地，為的是去音樂學校學習古箏。這期間，陳老師藉由生活在華人圈中，改善了自身發音的缺陷，並且更加確定對中國文化的興趣是亙古不變的。

　　優遊各國，除了學習有興趣的課程外，另一個好處便是可以藉由去大陸、台灣、香港等地，大量採買華文書籍，在禁華文的三十多年中，只能偷偷地從海外帶入，倘若不幸被查獲，至少一半會被沒收，而海關常是私下賣給其他華人當作賺外快的機會。

　　98 年華文解禁後，華文的熱潮慢慢地回來了。如今印尼已有華文書店、華文報紙及華文補習班，而印尼的父母們，更是一窩瘋地送孩子去補習華文，目的是希望他們能夠多學一些、多懂一些中國文化知識。

知識、耐心、愛心

　　現在的孩子因為環境的關係，幾乎沒有機會講華語，因此對學華語提不起興趣，再加上印尼的孩子嬌生慣養，常常裝病不來上課。陳純翠表示：「好的華語教師，本身除了要有豐富的知識之外，更重要的是要多些耐心、愛心、多照顧孩子，多和他們溝通。讓他們感覺到我們對他們的期望，雖然剛開始學生不太勤勞，可是以後會改善。」

　　陳老師認為有志華文教學的人，應該多學習、多和他人交流、多充實自己，努力增加自身的教學經驗，其中最重要的還是要多吸收各方面的知識來強化教學的技巧和能力。

教學中的反思

萬隆
郭君玲老師口述
鄭宇恬採訪撰寫

　　郭君玲老師來自萬隆，任教於榮星學校、崇仁漢語學習中心、補習班……等華文機構。教學對象為兒童到成年的初、中級學習者。在她任教的學校裡，全校約有 300 多位學生，每班約 20 人，一週上課 12 個小時。使用的漢語教材是廣州暨南大學編寫的中文課本，不過近期之內會改採新加坡的華語教材。她個人的華語學習歷程則是先在印尼當地學了一些基礎華語之後，又到北京進修了兩學期（一年），有四年多的華語教學經驗。

成人和兒童的學習

　　學生沒有說華語的環境，在課外不容易接觸到華語，因此能實際運用華語的機會就少了。再加上學生的家裡，可能只剩下長輩（爺爺或奶奶）還會說華語，所以在家庭中也得不到相應的幫助。如何使學生在課內、課外都能增進華語的溝通能力是很重要的。

　　不過，印尼各地的華語使用情況也不盡相同，如棉蘭、泗水、昆天是使用華語較普遍的地區，在這些地方的學生，練習的機會相對而言就比較多。

　　從內容上看，發音和漢字是華語學習者普遍的難點。一般來說，孩子的學習動機不強，傾向於被動學習，多數是被家長要求才學習的，而且生長在印尼的孩子要學習兩種外語：英語和華語，課業的壓力自然也就比較大，因此老師在教學上需要保持彈性，一方面要維持學生的學習興趣，另一方面還要針對學生的學習興趣，設計合適的教材，鼓勵學習。雖然孩子的學習動機不強，不過孩子比成人更能有效地掌握發音。成人學發音雖然較困難，但是成人在學習則更有企圖心，有很多華裔學生因為必須和中國的客戶做生意，所以自我的要求也比較高。

實用的教學法何在

　　「實用的教學法是我們最需要的。」之前曾經參加過幾次培訓的郭老師認為以往學到的教學法是偏理論的，再加上可能是不適合印尼國情的關係，無法現學現用，因此期待培訓中能學到有實用價值的教學法。

學生是快樂的泉源

　　盡自己的力量，讓學生學會該會的東西，就是老師最大的快樂。當然其中也有辛苦的地方，比方說，為了讓學生樂於學習，教師必須視班上情況，重新製作補充教材，為此，老師平時須多注意

中文報紙、新聞或是歌曲，只要是能夠輔助上課的東西，都要隨手整理，使其成為有用的教學素材。

成為最棒的華語老師

一方面教師本身要不斷地閱讀、進修，增加自己的華語能力，另一方面也要注意師生關係的維繫。如果只一昧注重教學上的專精，而忽略了培養師生情感，那是毫無意義的。老師和學生之間的良性互動，如談心、出外郊遊等，都可以使學生樂於學習，也就是說，也許學生未必對華語有很大的興趣，但會因為老師投注的熱情而積極學習。此外，一個良好的同儕環境也可以鼓舞學習，有好朋友可以使學生樂於融入學習環境之中，充滿學習動力的團體，無疑是學習華語的最佳捷徑。

對於有志到印尼教華語的老師，郭老師的建議是最好能先了解印尼的文化、習慣和學生的傾向，並能說一點印尼文，這樣學生會覺得比較親切，希望大家都能成為最棒的華語老師。

年輕老師的話

萬隆
翁瑤雅老師口述
鄭宇恬採訪撰寫

　　翁瑤雅老師來自萬隆，有半年的教學經驗，目前在福樂恩學院、補習班教授華語和英語。學生是 3～5 歲的幼兒，一班平均有 13 個學生，採用新加坡的《小學華文》做教材。未來她打算再到廣州進修華文。

Enjoy Learning

　　因為學生多是學齡前的兒童，所以老師除了要有耐心、毅力之外，還要能掌握學生的注意力，當學生的精神不集中的時候，要適時玩一些簡單的遊戲、唱唱歌，幫助學生穩定學習情況。翁老師的教學是以學生為中心，從了解學生的愛好著手，並以圖卡、設計遊戲等方式來輔助教學。

華語的傳承

目前在印尼華語補習班、學校中的華語課越來越多，相對地，在師資方面就顯得相當缺乏了，所以不管是印尼當地的華語老師或是從外地聘來的老師，我們都很歡迎，也只有提升師資的質與量，華語才能繼續傳承下去。

對年輕老師的看法

年輕的華語老師因為經驗不足，需要多加參加培訓，不過印尼當地的華語老師，比較接受的是一年以內的短期培訓，不太願意參加時間較長的培訓。因為之前的印尼排華的事件，讓大家心有餘悸，而印尼的華裔老師，在家中會受到較好的保護。不過既然身為華語老師，就應該要多出去進修，無論是去大陸或是台灣都好，這樣就會有較多的機會練習華語，也更能夠自我提升。

恆星的恆心

萬隆
曾莉萍老師口述
葉任珊採訪撰寫

教學生要慢慢來，最重要的是讓他能夠明白你所教的。

因主引領，我無懼

1998 年印尼排華反華運動高漲，許多華人的商店遭洗劫甚至被焚毀，許多華裔子弟受到迫害，是什麼樣的勇氣讓年僅二十三歲的曾莉萍，能在當時離雅加達（這是每隔幾分鐘就有一名華人遇難的城市）不到兩個小時車程的地方，繼續安心求學—答案是天主。

從小就跟著奶奶說客家話的曾老師是個害羞的女孩，因為父親是數學和物理老師，所以她的成績一向傑出，求學過程也一帆風順。大學是她人生的轉捩點，她那時在漢語專科學校念書，修業時間是三年，課程內容包括了古代漢語和現代漢語，非母語者想在三年內就學好漢語，是多麼艱難的事啊！光掌握好聲調、拼音就已經很難了，那時候學校裡沒有良好的漢語環境，鮮少有人能和她用漢

語對話，因此曾老師直到現在還是不太會說中文，只能靠讀和寫維持她的專業水準，這對她日後教學的影響很大。

　　剛畢業的曾莉萍從事的是英文翻譯，這符合她安靜而沉穩的個性，但人生總是需要冒險。由於漢語的知識有限，她為了提高這方面的能力，毅然決然地投入了漢語教學工作。身為華裔子弟，她堅信自己有足夠的能力與使命感，而在背後給予她信心、力量的，就是天主。

因主眷顧，我相信

　　她教漢語的第一年，學生年齡從 3 歲到 12 歲不等，雖然才教了一年，卻碰到許許多多困難，但她總是相信，堅定的心足以突破所有的難關，因此無論遇到何種挫折，她都能用最冷靜的態度去面對，並且在教學中，慢慢地提升自己的漢語能力，她也透過自己學漢語的經驗來鼓勵學生多聽、多說，並強調基礎漢語的重要，引導學生勇敢地去面對學習上的挑戰。

　　回顧曾老師與漢語的情緣，是迷迷濛濛時繫時斷的，從小時候說的客家話，到長大後以英語為生，而現在成為一個華文老師，她肩負著服務千千萬萬華裔以及發揚中華文化的使命。曾老師帶著她那一貫靦腆的笑容告訴我，她只是做她該做的，而有上帝在背後支持，她只是順從，單純的相信且無懼，就是這樣而已。

永不凋謝的向日葵

萬隆

林鳳麗老師口述

葉任珊採訪撰寫

對希望之光綻放真誠的笑容，他們能感受。

愛的禮物

請求作業的學生

　　那是林鳳麗的第一堂課。剛畢業一星期的她，還沒有多少時間做準備，就被趕鴨子上架，來到了這家補習班。學生是一群為求加薪，被工作逼得喘不過氣來的上班族，以及成天無所事事，為避免老年癡呆的中老年人學習者。在學生中，有一位 78 歲的老先生，他屬於後者，由於年少時沒機會上中文學校，學中文因而成了他的夢想。

　　第一天，林鳳麗就被老先生認真的態度與強烈的求知慾感動了，他不斷提出問題，而這樣的互動，也緩和了初出茅廬的年輕老師的壓力。她這時才知道，原來教學不過是這麼回事，我教是因為你想學，你想學所以我教，如此簡單，而解答別人的困惑是件榮幸

的事，有什麼好怕的呢?下課時間一到，那位老先生就過來找她，他說：「老師，我要做作業。」從此以後，每次上課她必會事先準備好給這位老先生的「愛的禮物」。

我不是笨孩子

「沒有笨的孩子，他可能是學習比較慢，也可能是聽力不太好，但並不表示他就是個笨的孩子。」

對林鳳麗來說，那是一段慘痛的經歷。小時候的她並不聰明，成績也不好，老是被別人當作笨孩子，說她不用功、懶惰。其實她是非常認真的，別人一小時就學會的東西，她會花上一整天去慢慢琢磨，只為了能跟上別人的腳步。長大後才知道，原來她並不笨，她只是沒用對方法，可是卻從來沒有人告訴過她。

林鳳麗不喜歡亞洲國家，她受不了那些成天探人隱私拿自家小孩互做比較的家長。她很清楚，他們口裡討論的笨孩子，常常只是些被父母打擊到無法翻身的可憐孩子，因此她總會多付出精神，去修正這些孩子的學習方法，給予他們信心。同時，她也自修幼兒心理學，好去幫助那些找不到方向的小朋友。

從心出發

教書三年多了，從開始的成人班，慢慢到只教幼兒班，是什麼原因讓她的滿腔熱忱始終不減？林鳳麗承認，她也曾經有過一段倦怠期，大概是在教書半年後，那黑暗的一個月幾乎讓她食不下嚥，她想給自己放一個長假，出去玩玩，脫離一成不變的工作環境。

　　但最後，她還是要求自己繼續堅守著崗位。這段期間，她清楚小朋友感受得到她的心情，因此她也會用對待大人的方式告訴孩子，老師今天心情不好，我們一邊學習一邊玩好不好？她相信只要把孩子當朋友，他們是會了解的。孩子也確實理解體諒她的情況，常常用稚氣的童言童語逗得她開懷大笑，純真善良的孩子，是讓她持續不懈教學的原動力。

　　她愛極了孩子的天真無邪，一個想太多、煩惱太多、計較太多的「大人」，與孩子相處久了，也漸漸領悟到，一顆「真」的心是多麼的重要。原來，這世界上複雜的事並不太多，只要從「真」出發，這世界可以簡單得幾近透明。

國家圖書館出版品預行編目

印尼華文教育與教學 .
年 / 中原大學應用華語文學系作 . - 一版
-- 桃園縣中壢市：中原大學應用華語系，
2006[民 95]
面；　　公分

ISBN 978-986-7383-13-6(平裝)

1. 僑民教育 - 印尼 - 論文，講詞等

529.3393　　　　　　　　　　95024011

印尼華文教育與教學

出 版 者 / 中原大學應用華語文學系
編　　者 / 中原大學應用華語文學系
執行編輯 / 賴敬暉
圖文排版 / 黃莉珊
封面設計 / 莊芯媚
數位轉譯 / 徐真玉　沈裕閔
銷　　售 / 林怡君
編印發行 / 秀威資訊科技股份有限公司
　　　　　台北市內湖區瑞光路 583 巷 25 號 1 樓
　　　　　電話：02-2657-9211　　傳真：02-2657-9106
　　　　　E-mail：service@showwe.com.tw

ISBN-13 / 978-986-7383-13-6
ISBN-10 / 986-7383-13-3

2006 年 12 月 BOD 一版
定價：330 元